小学英语
教与学

李薇名教师工作室的探索与实践

李 薇 / 主编

民主与建设出版社

·北京·

图书在版编目（CIP）数据

小学英语教与学：李薇名教师工作室的探索与实践／
李薇主编.—北京：民主与建设出版社，2020.5

ISBN 978-7-5139-2957-8

Ⅰ.①小… Ⅱ.①李… Ⅲ.①英语课—教学研究—小
学 Ⅳ.①G623.312

中国版本图书馆CIP数据核字（2020）第040111号

小学英语教与学：李薇名教师工作室的探索与实践

XIAOXUE YINGYU JIAOYUXUE LIWEI MINGJIAOSHI GONGZUOSHI DE TANSUO YU SHIJIAN

主 　编	李 薇
责任编辑	刘 芳
封面设计	姜 龙
出版发行	民主与建设出版社有限责任公司
电 　话	（010）59417747　59419778
社 　址	北京市海淀区西三环中路10号望海楼E座7层
邮 　编	100142
印 　刷	北京虎彩文化传播有限公司
版 　次	2022年6月第1版
印 　次	2022年6月第1次印刷
开 　本	710毫米×1000毫米　　1/16
印 　张	16
字 　数	288千字
书 　号	ISBN 978-7-5139-2957-8
定 　价	45.00元

注：如有印、装质量问题，请与出版社联系。

编委会

兴趣是最好的老师

"激发兴趣，挖掘潜能"，是李薇工作室一直以来的坚持与追求。

爱因斯坦说过："兴趣是最好的教师。"英语教学一旦离开了兴趣二字，就失去了生根的土壤，课堂将如一潭死水，激不起半点波澜。针对小学生天真、活泼、爱动、好玩的特点，我们坚持在课堂上引入英语歌曲、小诗、故事、游戏、表演等多种形式，将英语知识融在丰富有趣的教学活动中，寓教于乐，让学生在活跃的课堂氛围中主动获取知识，培养多种技能。在日常教学中，我们注意面向全体学生，以兴趣促学习，注意创新外语教学方法、教学手段及评价方式，注重学生主体精神、创新精神和语用能力的培养。

在激发兴趣的基础上，我们尊重个体差异，因材施教，重视挖掘每个孩子的潜能。美国心理学家加德纳所提出的多元智能理论令我相信，每个学生都具备一定的天赋和潜能，等待着教师去发掘。在日常教学中，我们坚持多角度、多层面培养学生，借助各种现代化教学手段，充分发挥每位学生的主体性和创造力，努力为他们搭建展示和成长的平台。

在教学中，我们致力于活动型教学、交际型教学、任务型教学、目标教学、思维导图工具、多元智能理论等多项课题的

研究与实践，努力将各种教学理论与日常教学相结合，扬长避短，博采众长，在教学中反复实践、总结、提炼、反思，精心打造出符合小学生英语学习规律、特色鲜明的小学英语课堂。

"真教育是心心相印的活动，唯独从心里发出来，才能达到心的深处。"陶行知先生这句名言令我们陶醉，同时也让我们相信，只要在英语教学中以学生为主体，用心坚持"激发兴趣，挖掘潜能"的理念，我们的教学一定会花开有声。

李 薇

2019年6月22日

目 录

CONTENTS

第八章

任务型教学，把问题抛给学生 \ 171

第九章

加强小组合作，争当课堂小主人 \ 197

第十章

爱与赏识，打开智慧大门的金钥匙 \ 225

1

第一章

Sight Words（视觉词），奠定阅读的基础

你知道"sight words（视觉词）"吗？它还有个别名，叫作"高频词"，顾名思义，就是在英语启蒙读物中出现频率最高的词汇。有人把它喻为"英语阅读的拐杖"。它在儿童英语教科书、儿童图书、报纸、杂志中的出现率为60%～85%。因为没有学好视觉词，孩子们往往无法真正进入阅读。掌握了视觉词，孩子们的阅读能力就会发生质的飞跃。现在，就让我们一同走进视觉词的世界，探索如何利用视觉词，帮助孩子们开启精彩的阅读之旅吧！

在小学低年段利用Sight Words（视觉词）提升小学生阅读能力的实践研究

李 薇

Sight Words（视觉词），是孩子无须解码就能直接读出来的单词。如何让孩子们在英语学习的初级阶段就能掌握大量的视觉词，为后续的阅读、写作奠定坚实的基础？在一、二年级的口语课堂上，我们开动脑筋，积极投入了视觉词的研究和实践工作。

一、认识视觉词

视觉词也叫高频词，是英语启蒙读物中出现频率最高的单词。美国学者E.W.Dolch在第二次世界大战之前，针对当时英语儿童读物做了系统分析和统计后，整理出了英语初级阅读中最常使用的220个词，并于1948年发表。这220个视觉词也因他而得名，即Dolch Sight Words。Dolch视觉词表分为前预备级（Pre-primer）、预备级（Primer）、一级（1st Grade）、二级（2nd Grade）、三级（3rd Grade）共五个级别，详情见表1～表5（资源来自网络www.quiz-tree.com）。

表1　Dolch预读词汇（40）

a	and	away	big	blue	can
come	down	find	for	funny	go
help	here	I	in	is	it
jump	little	look	make	me	my
not	one	play	red	run	said
see	the	three	to	two	up
we	where	yellow	you		

表2　Dolch预备级视觉词汇（52）

all	am	are	at	ate	be
black	brown	but	came	did	do
eat	four	get	good	have	he
into	like	must	new	no	now
on	our	out	please	pretty	ran
ride	saw	say	she	so	soon
that	there	they	this	too	under
want	was	well	went	what	white
who	will	with	yes		

表3　Dolch一级视觉词汇（41）

after	again	an	any	ask	as
by	could	every	fly	from	give
going	had	has	her	him	his
how	just	know	let	live	may
of	old	once	open	over	put
round	some	stop	take	thank	them
then	think	walk	were	when	

表4　Dolch二级视觉词汇（46）

always	around	because	been	before	best
both	buy	call	cold	does	don't
fast	first	five	found	gave	goes
green	its	made	many	off	or
pull	read	right	sing	sit	sleep
tell	their	these	those	upon	us
use	very	wash	which	why	wish
work	would	write	your		

表5　Dolch三级视觉词汇（41）

about	better	bring	carry	clean	cut
done	draw	drink	eight	fall	far
full	got	grow	hold	hot	hurt
if	keep	kind	laugh	light	long
much	myself	never	only	own	pick
seven	shall	show	six	small	start
ten	today	together	try	warm	

二、视觉词的特点

仔细研究这些Dolch视觉词，不难发现，它们有许多共同的特点：

1. 大部分视觉词短小精悍，出现频率高

视觉词多数是比较短的单词，单音节居多，但是在文本中出现的频率却非常高，如a、an、the、am、is、are等，每个文本都肯定会出现；又如I、you、we、they、he、she等代词，我们也是天天打交道，如果不认识它们，理解文本将会困难重重。

2. 部分视觉词没有实义，而且意思多变

部分视觉词意义抽象，比如the、of、to、a、by、off等，无法用图片或语言来解释，只能靠视觉强化记忆。而且它们的用法非常灵活，在不同情境中就有不同的意思。例如单词on，它可以作为时间介词，如on Monday，也可以用作方位介词，如on the desk，它还可与很多实义词搭配，如on time、on a diet，这时它又有了新的意思，不能一概而论。

3. 部分视觉词不符合拼读规则，记忆起来比较困难

部分视觉词，较不符合字母拼读法（phonics）发音规则，属于看着简单却难教的词，学生不能根据语音规律轻易拼读出来。例如单词one，完全不符合发音规则；又如单词have，看起来是开音节，读出来却是闭音节的发音；又如单词said，按发音规则，这里的ai应该发/ei/，但实际上它发的是短音/e/。另外，还有the、was、were、done、your等单词往往不能通过自然拼读法去掌握，只能通过直接的视觉认知和整体记忆来掌握。

4. 部分视觉词音形义接近，容易混淆

部分视觉词的发音接近，不容易用发音或图片来区分，学生非常容易混淆，如here、there、where、their、these、those、want、went、of、off、for、at、ate等，看起来很像，视觉上容易混淆。它们常常阻碍孩子们学习，必须加强区别和记忆。

三、学习视觉词的作用和意义

在孩子阅读的起始阶段，"phonics自然拼读"和"Sight Words（视觉词）"扮演了非常重要的角色，它们并称为"打开英语阅读大门的金钥匙"。据粗略统计，Sight Words视觉词在小学英语启蒙读物中出现的频率高达60%~85%。掌握了这220个词，就意味着小学生在阅读英语读本时，至少能认得一半单词。小学阶段的英语阅读，多以简单的绘本故事为主。学生掌握了这220个视觉词以后，再结合图片，就能轻松地完成相应级别的阅读。掌握了视觉词，不但能提高阅读的流利性（reading fluency），提升阅读速度，还能帮助学生理解文章的内容，更好地享受阅读的乐趣。除了让阅读更顺畅，理解更完整外，孩子也不会因为遇见太多生词而放弃阅读，视觉词的确是帮助孩子顺利进入独立阅读的关键。

作家安妮鲜花在她的作品《不能错过的英语启蒙：中国孩子的英语路线图》中把"Sight Words"称为"phonics"的孪生姐妹，她这样描述："Sight Words，顾名思义，就是一入视觉就立即反应的词汇。据说这些词汇占据了阅读词汇的50%！有了这220个词，阅读的文章中，你就有50%的单词都认识，配合适当难度等级的书进行阅读练习，就会极大地提高阅读速度以及阅读流利性，进而会有助于对内容的理解。"

作家刘宝胤在她的著作《英语，爱"拼"才会赢》中这样写道："我们可以将视觉词视作孩子英语阅读启蒙的'助推器'。孩子在英语阅读启蒙阶段，必须同时学习自然拼读和视觉词，二者相辅相成，缺一不可。快速辨识视觉词的能力和自然拼读能力一样，被公认为是阅读启蒙的基础。"

广州市教育研究院赵淑红老师在2016年提出的"SPP"阅读入门教学模式是一种新的阅读教学模式，"SPP"中的"S"就是指"Sight Words"，目前，在广州、上海等大城市都在尝试使用这种模式进行阅读教学，在小学低年段开展Sight Words视觉词教学已经受到了越来越多的关注。

为了说明视觉词在阅读初级阶段的关键性，被引用最多的要属美国儿童文学作家Dr. Seuss的故事The Cat in the Hat中的片段：

The Cat In the Hat

The <u>sun</u> did not <u>shine</u>.

It was too <u>wet</u> to play.

So we sat in the <u>house</u>.

All that cold，cold，wet day.

I sat there with <u>Sally</u>.

We sat there ，we two.

And I said，"How I wish we had <u>something</u> to do！"

Too <u>wet</u> to go out.

And too cold to play <u>ball</u>.

So we sat in the <u>house</u>. We did <u>nothing</u> at all.

So all we could do was to

Sit！Sit！Sit！Sit！

And we did not like it.

Not one little <u>bit</u>.

文中除了标有下划线的词，其余都是Sight Words！孩子们只要具备了Sight Words能力，就能让阅读更顺畅，理解更完整，轻而易举地享受阅读的乐趣，不会因为有太多词不认识而放弃阅读。

四、积极开展"Sight Words（视觉词）"的课题实践

掌握了上述理论知识之后，李薇工作室的成员们就开始着手进行教学Sight Words视觉词的积极实践。主要是解决三个问题："教什么""怎么教""如何评价"。

（一）教什么

220个Dolch Sight Words分为5级，如果只是生搬硬套，按照Dolch的级别和字母的顺序来学习，对广州的小学生而言是没有太大意义的。为了让这些视觉

词的学习变得更有意义，工作室的老师们煞费苦心，在仔细研究广州市一、二年级英语教材《英语口语》的基础上，将每课出现的视觉词编排出来，按照每课8～10个左右的视觉词进行了学习安排。这样，孩子们在学会这些视觉词的同时，还能更好地理解和记忆课本上的小诗和故事，让每课的Sight Words视觉词学习变得更有意义，也更有成效。

以广州版小学英语口语教材第一册Unit 2为例，从这一课的Andy's Box可见，教材只需要学生掌握8个单词，分别是bag、book、pencil、pencil-case、ruler、rubber、tooth、new。但课本中还出现了许多生词，很多都是Sight Words视觉词，如果不对它们进行集中学习，孩子们唱歌、读小诗、玩游戏、讲故事就存在许多困难。比如：本课的歌曲中有视觉词have，不懂这个词，学生就无法正确理解歌曲和演唱歌曲。又如本课的游戏中有视觉词show、me，不认识这两个词，游戏都没法玩。为了让视觉词的学习和课本《英语口语》相结合，更好地理解课本，服务于课本，我们制定了如下的Sight Words List：

一年级上册Unit 2 Sight Words List:

have, a, and, show, me, your, open, too

它们分别存在5个句子中：

I have a pencil.

I have a pencil and a ruler.

Show me your book.

Open your book.

Me, too.

综上所述，我们没有生搬硬套，而是按照广州版小学英语《英语口语》的内容和顺序，整理出各单元需要学习的Sight Words List，既教授视觉词，又服务于课本，帮助小学生更好地学习和巩固课本内容，见表6～表9。

表6 《英语口语》一年级上册（58个）

Unit 1	I	am	what	is	your	my
10个	good	how	are	you		
Unit 2	have	a	and	show	me	your
8个	open	too				
Unit 3	one	two	three	four	five	six
10个	start	again	look	many		
Unit 4	like	red	blue	yellow	green	black
10个	up	down	no	help		
Unit 5	do	little	here	in	the	get
10个	cut	give	them	put		
Unit 6	go	can	run	jump	far	fly
10个	walk	an	let	thank		

表7 《英语口语》一年级下册（54个）

Unit 1	where	here	big	small	or	who
8个	this	for				
Unit 2	let's	play	fun	eat	come	sleep
9个	where	in	the			
Unit 3	this	is	put	in	on	under
8个	look	get				
Unit 4	to	what	do	see	like	all
9个	where	it's	look			
Unit 5	have	so	what	fast	slow	swim
10个	yes	no	over	help		
Unit 6	want	who	for	red	green	yellow
10个	milk	fall	when	up		

表8 《英语口语》二年级上册（53个）

Unit 1	what	can	about	swim	play	can
10个	can't	come	over	stop		

续　表

Unit 2	for	like	Don't	do	too	bad
8个	said	get				
Unit 3	here	my	blue	new	want	help
9个	put	round	all			
Unit 4	at	time	seven	eight	nine	ten
9个	late	then	only			
Unit 5	what	doing	drink	ride	fly	run
9个	sun	not	there			
Unit 6	read	drink	make	pick	sorry	never
8个	myself	thank				

表9　《英语口语》二年级下册（55个）

Unit 1	live	by	take	show	around	black
9个	white	must	stop			
Unit 2	be	he	work	we	all	who
9个	grow	does	call			
Unit 3	if	will	take	done	been	not
10个	buy	please	said	own		
Unit 4	every	today	out	from	but	over
10个	his	say	too	late		
Unit 5	today	hot	cold	put	walk	away
9个	again	fly	very			
Unit 6	which	like	warm	cool	don't	can
8个	in	make				

（注：小部分Sight Words视觉词重复出现，是为了平衡每课的视觉词数量，对重点单词进行巩固复习，提升学习效果。）

（二）怎么教

在确定了每课的Sight Words List之后，我们开始研究如何在有限的课堂教学时间中渗透Sight Words教学，探索小学英语Sight Words教学的有效方法，积极构建、实施小学英语Sight Words教学模式。

1. 一、二年级视觉词的教学安排

为了保证Sight Words视觉词的教学效果，工作室确定了"时间短、频度高、见面勤"的教学原则，确定了"每节课都要上Sight Words短课"的教学策略，时间安排在每节课最后的10分钟，教师对照本单元的Sight Words List制作好授课课件，每单元可分成三四个Sight Words短课，每节短课学习不超过4个视觉词。每个短课大致分为三个阶段：Flash cards（视觉词闪卡）、Sight words Games（视觉词小游戏）、Copy the words（抄写视觉词），持之以恒，以此巩固和扩大小学生的英语词汇量，增强语感，为高年级的学习打基础，提高学生英语的阅读速度和理解的准确度，逐步形成他们的英语阅读习惯和能力。

2. 视觉词的授课方法

赵淑红老师在小学英语"SPP"阅读入门教学模式一文中提到，"Sight Words的学习方法主要是see and say，即经常看，一看到就能说出来"。在日常教学实践中，我们确定了以下几个常用方法：

（1）见词学习。学习视觉词的最直接方法就是见词学习，一个一个地掌握。老师可以用PPT自制视觉词的幻灯片，每次教学不多于4个词，简单呈现视觉词整体，用教读的方法让孩子掌握视觉词的发音与意思，培养孩子对视觉词的"看即说"能力。不断地重复操练，让孩子记住它们的外形和意义。学过的视觉词可以贴在教室里孩子目光所及的地方，让孩子随时看见，随时说，并且经常巩固复习。

（2）游戏操练。一、二年级的孩子年龄小，喜欢游戏，所以在认读结束后，可以用游戏的方法巩固和检验孩子们的学习效果，如①闪现速读。在课件中快速闪现视觉词，孩子在紧张刺激的情境中不断地大声读出单词。②速找单词。将几个视觉词放在一起，让孩子们迅速找出老师所读的视觉词。③重塑单词。把组成单词的字母打乱，让孩子们重新排列，组成正确的单词。④单词迷宫。让孩子在写满字母的方格里，找出今天学习的视觉词，看谁找得又快又准。

（3）情景运用。部分视觉词无法用图片或语言来解释，它们的用法灵活，在不同的情境中有不同的意思。因此，除了机械的操练和简单的活动，我们必须让孩子在情境中运用视觉词，在情境中感受语言的意思，如①单词与意义连线。把几个视觉词和图片连线，考察孩子对视觉词的认识和理解。②选词填空。根据上下文意思，选出正确的视觉词填空，考察孩子的认读能力，培养早期的阅读习惯。

3. 视觉词教授的原则

（1）反复重现，巩固记忆。一、二年级的孩子年龄小，自主学习能力弱，教师在教授视觉词时一定要遵循反复重现的原则，上新课前一定要巩固前面所学的视觉词，单元结束要复习、检验，学期结束要复习、总结。艾宾浩斯的遗忘曲线规律告诉我们，遗忘总是先快后慢的，我们只有及时巩固记忆，才能更好地避免遗忘。只有靠反复重现，促使学生不断地循环巩固，日积月累才能取得实效，让孩子见词能认、见词能读、见词能知其意，做到整体教学，反复滚动重现，达到我们学习视觉词的目的，为孩子们后续的阅读能力的培养奠定坚实的基础。

（2）词不离句，促进内化。学习视觉词，切记不要孤立地学习单词，要词不离句，在词组中认读、在句子中认读、在情境中认读，建立音、形、义的联系，进一步促进视觉词的内化，在短语和句子中学习更能体会视觉词的意思及语法功能，让孩子感受到真实的语言。例如，学习助动词does，其本身无实意，学习它要延伸到句子，如"What does he do？"中才有了意义，而不是单纯地认识和记忆它。将视觉词与句子结合，会使视觉词学习变得更有意义，灵活运用视觉词及句型，可以为孩子们后续的阅读和写作铺路。部分Sight Words还可以结合歌曲、童谣来学习，事半功倍。

（3）学以致用，及时检查。学习一定要和应用相结合，Sight Words跟其他词汇一样，只有学以致用，才能更好地掌握。因此，老师们要设计形式多样的游戏和活动，激发孩子的兴趣，不断地巩固、复习、检查孩子们对Sight Words的掌握情况，结合短语、句子、故事等方式，多方面、多角度巩固学习。正确的copy sight words也是一种很好的方式，在学英语的初级阶段，一方面引导孩子正确书写单词，一方面在书写中加深对视觉词的记忆，不失为一种好方法。视觉词的练习要由易到难，从描视觉词到写视觉词，再到填写视觉词所缺的字母，等等，运用不同的方式复现视觉词，帮助孩子记忆并灵活运用视觉词，最终达到见词能读、见词能知其意的目的。

（4）发展阅读，培养能力。学习视觉词，就是为了帮助孩子们打开阅读之门。所以在教授视觉词时，老师还要多方面寻找资源，搜集适合孩子阅读的英文故事绘本，拓展学习视觉词的素材，为后续的自主阅读奠定基础。其实，阅读也不一定一开始就要读文本，可以是读句子，读语段，最后才发展成为读绘本，读语篇。日积月累，孩子们对"视觉词"熟悉了，一眼就能认出，快速发音、理解词义，掌握开启英语阅读之门的第一把钥匙。我们相信，通过更多有意义的英语阅读，孩子学习英语的兴趣就会越发浓厚，并在阅读的过程培养听读技能与策略，形成良好的语言学习习惯，从而形成初步的综合语言运用能力，促进心智发展，最终提高综合人文素养。

（三）如何评价

学习与评价从来都是相辅相成的，如果只教学不评价，学生没有紧迫感，学习的效果也不可能理想。但是对于一、二年级的小学生而言，评价的目的是督促、检查、鼓励、表扬、激励，一定要以激发兴趣为出发点，不要加重学生的学习负担。因此，评价不能是单一的，应该多角度、多方式地开展。建议把学生的日常表现、口试、笔试三种评价方式相结合，采用等级制，综合考评学生的听说读写能力：

（1）基础项目：考查大家平时英语学习的过程，考查平时课堂上的表现和随堂练习的完成情况，占60%。

（2）能力项目：考核Sight Words视觉词的认读和理解能力，占40%。

口试：Read the Sight Words（认读视觉词），占10%。

笔试：运用Choose（选词）、Match（连线）、Copy（抄写）等方式，对学生的Sight Words学习能力进行评价，占30%。

现在的小学英语教学越来越重视学生阅读能力的培养，而Sight Words视觉词的学习能帮助学生掌握"打开阅读之门的金钥匙"，让初始阶段的阅读更流畅，同时拓展学生的语言能力，为今后的英语学习奠定坚实的基础。以上是李薇工作室在"Sight Words视觉词"方面的探索与实践，今后我们将继续在课堂实践中不断改进，大胆创新，最终提出一套行之有效的Sight Words视觉词的教学模式和方法，为区域辐射提供更好的方法和案例，让英语教学更有效，让孩子学得更轻松。

参考文献

［1］赵淑红.小学英语"SPP"阅读入门教学模式［J］.中小学英语教学与研究，2016（6）.

［2］安妮鲜花.不能错过的英语启蒙：中国孩子的英语路线图［M］.北京：外语教学与研究出版社，2011.

［3］刘宝胤.英语，爱"拼"才会赢（聊聊自然拼读那些事儿）［M］.北京：外语教学与研究出版社，2015.

［4］（美）爱德华·道尔奇，（加）凯伦·史密斯.Dolch Sight Words：幼儿英语阅读的315个视觉词［M］.天津：天津人民出版社，2017.

Term 2 Grade 1 Sight Words for Children
——Unit 3 Period 1教学设计

卢陆燕

【教学内容】

本节课的教学内容为广州版《英语口语》一年级下Unit 3的Sight Words：room、bed、desk、chair。主要是通过每节课平均10分钟左右的视觉词教学，让学生从一年级就开始积累词汇，为逐步阅读简单的英语绘本故事打下基础。Flash Cards内容如图1～图4所示：

图1　房间

图2　桌子

图3　床

图4　椅子

【学情分析】

本节课的授课对象是一年级学生。他们已经有一学期的英语口语学习经历，有一定英语歌曲和小诗基础，但词汇方面还是比较薄弱的，而且一年级的孩子活泼好动、注意力集中时间短，要求教师在教授Sight Words时有趣、高效。教师在教学过程中应该设计一些简单有趣而又利于学生识记的Word Games。同时，教师还要巧妙设计小组竞赛合作的任务，培养学生互帮互助、团结协作的精神。

【教学目标】

1. 知识目标

（1）能读懂、会说卡片上的Sight Words：room、bed、desk、chair。

（2）能听懂、会说、会读、会运用核心句型：This is my _____。

2. 能力目标

（1）能够流畅、有感情地朗读所学Sight Words和句型。

（2）能够用英语介绍房间里的物品。

3. 情感目标

通过对Sight Words的学习积累和运用，使学生喜欢上学习英语。

【教学策略】

1. 设置"介绍自己房间物品"情境将Sight Words的学习融入其中，并通过句型来巩固Sight Words，在真实情境学习使用，从而达到学以致用的目的。

2. 任务设置考虑高效、有趣，以word game激发学生学习视觉词的热情。

3. 通过抄写视觉词，加深印象。

【教学重难点】

1. 会读、会用四个Sight Words：room、bed、desk、chair。

2. 用句型This is my...介绍自己的房间物品。

【教学准备】

多媒体、教学课件、图片和视觉词卡等。

【教学过程】

Step 1：Warming-up

1. 小诗《Come to my house》

T：Let's chant together.

Ss：OK. Let's go!

设计意图：课前齐读英语小诗热身，为本节课的英语学习营造愉快的学习氛围，学生带着愉快的情绪，学习会更高效。

2. 复习之前学过的视觉词

（1）老师拿着之前学过的视觉词卡，让学生随意抽取，并读出来，而且要说出跟这个视觉词有关的一个句型。

T：Can you read the word?

S1：Yes, where，where are you?

T：I'm in my room.（出示房间的图片）This is my room.

（2）老师不停地出示词卡，让学生快速拼读出这些单词。

T：Good job！Can you say more?

Ss：House，bedroom，washroom...

T：Wonderful！

设计意图：通过滚动视觉词卡让学生巩固并运用所学的视觉词。

Step 2：Flash cards

1. 出示图片，引出视觉词：room

T：Look at the picture. This is my room.

Please read after me.

Ss：Room！This is my room.（如图1所示）

2. 观察房间，引出bed、desk、chair（如图2～图4所示）

T：Look at the picture，what can you see?

S：I can see a bed./ I can see a desk. / I can see a chair.

设计意图：通过观察图片，引入视觉词room、bed、desk、chair。

3. 出示图片，跟读视觉词

T：Look at the picture. Please read the words after me.

Ss：Room！This is my room.

T：Who can read the word?

S1：Room！This is my room.

T：Now，read the words one by one please.

用同样的方式教授其他三个视觉词：bed、desk、chair。

设计意图：这些视觉词对学生来说毕竟是新的单词，要通过带读教授和反复操练才能让学生记住单词，为接下来的实际任务打好基础。

Step 3：Word games

1.连线游戏：让学生先读单词并解读图片，再完成连线游戏（如图5所示）

图5　连线游戏

T：Read the words with your partner first. Then match the pictures and the words.

S：Picture 1，bed.

设计意图：本环节通过简单的连线游戏让学生巩固单词，并通过图片记住单词的意思。

2.看图填空游戏：让学生读句子并根据图片填空（如图6所示）

图6　看图填空游戏

T：Now let's look at the picture and read the sentence.

T：Good job!

设计意图：通过句型和图片进一步巩固学生对单词的形和意的掌握，让学生能说会用。

Step 4：Copy the words

T：Please take out the exercise book and copy the words.

设计意图：通过单词的示范抄写，让学生巩固字母的格式，同时初步了解单词的抄写要求，同时更进一步巩固单词的形和意。

Step 5：Homework

Read the sight words three times a day.

【教学反思】

这个单元的Sight Words的教学对象为小学一年级学生，刚学会了26个字母，准备进入单词音形义的学习，因此利用每节课10分钟左右的时间进行视觉词渗透教学，既符合学生的认知水平和注意力特点，也不影响每节课口语教材的教授。相信只要老师能坚持，通过每节课10分钟左右的视觉词渗透教学，学生积累的视觉词会越来越多，学生阅读绘本就变得越来越轻松。

总体来说，这个单元的Sight Words教学内容丰富，教学目标明确，教学活动设计合理，兼顾了有趣、高效的原则，同时也加强了学生思维能力和表达能力的训练。但是，在一年级每节课加入10钟左右的视觉词教学毕竟是一个新的尝试，还存在着许多不足。本单元的视觉词看似简单，但对于一年级刚接触英语的学生来说，要在10分钟的时间内掌握这些单词有一定难度，在视觉词的引入和教学部分还有些单调，没能吸引所有学生的注意，导致有一小部分学生没能记住视觉词，直接影响Word games的操练，降低了游戏的参与率。在接下来的视觉词教学中，我将丰富视觉词的教授方式，利用头饰、表演等引出视觉词，让教学更有趣，更能吸引学生的注意力。今后，我将进一步思考和探索如何根据学生的实际情况，及时调整教学措施和教学方式，用更丰富的方式呈现教学内容，激发学生的学习兴趣，提高学生的学习效果。

Term 2 Grade 2 Sight Words for Children

——Unit 1 Period 1教学设计

李 薇

【教学内容】

本单元的教学内容是广州版《英语口语》二年级下Unit 1的9个Sight Words：live、by、take、show、around、black、white、must、stop。根据"词不离句"的原则，我将这9个视觉词分为三个period，每个period上10分钟的视觉词短课，让学生在低年段熟练认读视觉词，为后续的英语学习和英语阅读打下基础。我把教学内容分为以下三个period：

> **Period 1**
>
> live 居住
> I live in Huangpu. 我住在黄埔。
> by 乘坐
> I go to school by bus. 我乘巴士去学校。
> take 乘坐
> I take a bus to school. 我乘巴士去学校。

Period 2

show 给……看

around 到处

I will show you around. 我会带你到处看看。

black 黑色

I have a black car. 我有一辆黑色的小汽车。

white 白色

I have a white plane. 我有一架白色的飞机。

Period 3

must 必须

stop 乘坐

You must stop. 你必须停止。

【学情分析】

本节课的授课对象是二年级学生。他们已经有一年级的英语口语学习经历，学视觉词也有一年多了，对于视觉词的学习相对有了一定经验。针对小学生活泼好动、注意力不集中的特点，教师在教授Sight Words视觉词时要注意方法，讲究趣味性。同时，教师还可以设计小组竞赛任务，激发学生的学习热情，培养学生的团队精神和协作能力。

【教学目标】

1. 第一课时要求能正确认读3个Sight Words：live、by、take。
2. 学生能读懂并理解含有Sight Words的句子。
3. 学生能正确抄写视觉词。

【教学策略】

1.通过Flash cards学习，集中认读视觉词。

2.通过有趣的Word game游戏，检验学习效果。

3.通过Copy the words练习，巩固视觉词的掌握。

【教学重难点】

能认、会读本课的Sight Words。

【教学准备】

多媒体课件、图片和视觉词卡等。

【教学过程】

Period 1 第一课时

Step 1：复习巩固学过的视觉词

老师拿出之前学过的视觉词卡，让学生随意抽取，并准确认读，进行小组比赛。

设计意图：通过滚动视觉词卡让学生巩固并运用所学的视觉词，强化所学，为新课学习奠定基础。

Step 2：认读flash cards，准确读句子，然后跟读与操练（如图1~图3）

图1　居住

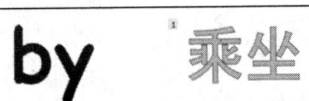

图2　乘坐（1）

图3　乘坐（2）

T：Look at the flash cards. Please read the words after me.

I live in Huangpu.

Ss：I live in Huangpu.

T：Who can read this word?

S1：Live！I live in Huangpu.

用同样的方式教授其他两个视觉词：by、take。

设计意图：通过观察flash cards，集中学生注意力认读视觉词live、by、take；通过小组操练，加强记忆，为后续游戏环节做好准备。

Step 3：Word games

1. Put the letters in order to make the words.（如图4所示）

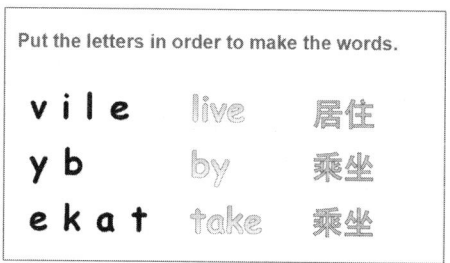

图4　把这些字母组成单词

2. Fill in the blanks.（如图5所示）

图5　填空

设计意图：本环节通过简单的连线游戏让学生巩固单词并通过图片记住单词的意思。通过句型和图片进一步巩固学生对单词的形和义的掌握，让学生能说会用。

Step 4：Copy the words

设计意图：通过单词的临摹抄写，让学生明确字母书写的格式，初步了解单词的抄写要求，进一步巩固视觉词的形与义。

【教学反思】

这个单元的三节Sight Words视觉词短课，教学对象为小学二年级学生，已有一年的学习视觉词的经历。利用每节课10分钟时间进行视觉词渗透教学，符合学生的认知水平和认知特点，有助于学生的词汇积累，为后续英语学习和阅读绘本奠定坚实的基础。

在教授视觉词时，我积累了以下三条经验，与大家分享：

（1）坚持短课，每次10分钟，视觉词复现频率高，更有利于视觉词认读和记忆。

（2）根据"词不离句"原则，把词放在句子中认读，有利于孩子们理解和记忆单词的含义。

（3）Word game单词游戏形式要多样，最好引入小组竞赛，才能极大程度吸引学生的注意，激发学习的兴趣和热情。

2

第二章

Phonics自然拼读，单词教学好帮手

我们的小学英语课堂上经常出现这样的画面：孩子们在教师的带领下一遍遍地认真跟读单词，有些学生读得口干舌燥、心生厌烦；有些学生死记硬背，还是记不住单词；而有些记忆力较差的学生更视记单词为"喝中药"——过程痛苦，见效缓慢，用尽洪荒之力，记到头昏脑涨，收效还是甚微，一到考试，单词拼写这一块依旧是错误最多。于是，老师们都致力于帮助学生在有限的时间内快速有效地记住单词，而"phonics"的出现，不仅降低了学生学习单词的难度，还加快了学生记忆单词的速度，让学生不再闻单词色变。

开展自然拼读实践，提高单词识记能力

卢陆燕

Phonics也称自然拼读法，是目前国际主流的英语教学法，是一种实用的工具与方法。它是根据语言发音的自然规则归纳而成的一种发音学习方法，通过直接学习26个字母及字母组合在单词中的发音规则，让学生在轻松愉快的氛围中，了解和学习英语字母组合的奥妙，掌握英语拼读规律，从而达到"看到单词就会读，听到单词就会拼"的学习目的。自然拼读的方法，简单高效，符合小朋友学习语言的规律，把枯燥无味的背单词变成简单地拼读，让学习单词达到事半功倍的效果。

一、认识自然拼读

Phonics自然拼读是字母letter与语音sound之间的对应关系，是在没有掌握和不借助国际音标的前提下，利用英语字母和字母组合的规律，直接把所学的英语单词准确地拼读和拼写出来，因此phonics也被称为直接读音法、直接拼音法。学习自然拼读的目的是，要求学生在学习和掌握英语字母以及字母组合发音规则后，遇到符合同样规则的生词时，就能准确地拼读和拼写出来，做到"见词能读，听音能写"。

二、自然拼读的学习步骤

说到26个英文字母，首先要区分读音（name）与发音（sound）。A～Z一般大家都能认读出来，A a[ei]、B b[bi:]、C c[si:]、D d[di:]、E e[i:]、F f[ef]、G g[dʒi:]、H h[eitʃ]、I i[ai]、J j[dʒei]、K k[kei]、L l[el]、M m[em]、N n[en]、O o[əu]、P p[pi:]、Q q [kju:]、R r [ɑ :]、S s[es]、T t[ti:]、U u[ju:]、V v[vi:]、W w['dʌblju:]、X x [eks]、Y y[wai]、Z z [zi:][zed]，这就是字母本身的读音，自然

发音是指字母在单词中的发音，在自然拼读法中，辅音字母b代表/b/，而不是读/bi：/，phonics要学的就是字母的发音，知道字母的发音，学生很轻松就可以读出单词，并写出单词。

1. 学习5个元音字母的发音：a、e、i、o、u

a、e、i、o、u 这5个元音字母是phonics学习的重点，掌握了元音字母的发音，就可以轻易读出新单词，还可以记得牢固又轻松。5个元音字母在单词中有时发短元音，可以通过背读记下短元音；有时发长元音即元音：字母的本身读音，如a—e、i—e、o—e、u—e等，这些都是有规律可循的，熟记规律就可以了解什么时候发长元音。

2. 学习21个辅音字母的发音

除去5个元音字母发音，剩下21个辅音字母，其实只有18个发音，这些辅音字母的发音跟我们的母语拼音很像，可以直接迁移学习。c/k发音相同，只能算一个，w、y这两个半元音字母，为了方便可以把它们归一处，这两个字母在单词的开头时，它们发辅音，如yes中的y就是发辅音；如果在单词末尾时则发元音，y发/i/，w发/u/，如baby中的y就是发短元音/i/。

3. 学习单词的自然拼读规则

首先，找元音及元音组合，如car、play、tea，只要记住ar、ay、ea组合的发音，很容易就能记住单词；其次，通过元音字母或字母组合确定音节，一般是有几个元音或元音组合就有几个音节，两个元音或元音组合之间，只有一个辅音，辅音归后，如单词study，只有一个辅音d归后，stu/dy，又如单词de/gree等；最后，写出拼读公式进行拼读，元音或元音组合+最近的辅音+次辅音（主次以前后为准，前主后次）。比如，单词say，第一步写出元音组合/ay/，第二步加上辅音/s/，即say。

4. 学习混合辅音字母发音

首先，了解双辅音的发音，双辅音在单词中只发一个音（短音节），如egg、glass等；/l/和/n/在元音后面只发后半段音，如tall、ten等；其次，了解混合辅音在单词中只发一个音（短音节），这类发音有：ck（pick）、ng（sing）、tr（tree）、dr（drive）、sh（sheep）、ch（teach）、th（thin，this）、wh/w/（what）、/h/（who）等；ph/gh在单词中发/f/的短音，如phone、laugh，wr/kn/mb/tch都有一个字母不发音；最后，了解辅音连缀，共有5对：

br/bl（brush，blue）、cr/cl（cry，clean）、fr/fl（frog，fly）、gr/gl（grey，glad）、pr/pl（pray，play）；7组：sl（slow）、sw（sweep）、sm（smoke）、sn（snack）、sp（sport）、st（stand）；sc/sk转音为/sg/（sky，scream）。

三、学习自然拼读的作用和意义

掌握了发音与拼写之间的对应关系，就可以自己进行阅读，学习和记忆单词就会事半功倍。正如自然拼读法教学专家Blevins（1996）认为的那样，自然拼读法包含了字母音和形之间的关系，是向学生讲授英语中最普遍的音形关系，使之能够解读或拼读单词。这种解读单词的能力是阅读成功的关键因素，也是培养学生阅读能力的最佳途径。

1. Phonics利用汉语拼音的正迁移，让学单词变得轻松愉快

作为英语一线教师，我们在教学中发现，语音是学生们的薄弱环节，尤其是单词辨音方面，学生不能很好掌握；我们也清楚地知道，想学好英语要靠坚持不懈地背记和阅读，没有一定的毅力是很难学好的，而我们的小学生毕竟是孩子，他们生性活泼好动，注意力有限，没有足够的耐心去记忆枯燥的字母组合或者去背记音标。而Phonics通过帮助学生归纳字母及其字母组合发音和拼读规则，利用我们母语拼音的正迁移，让学生轻松正确地读出单词，从而获得发音和拼读的初步技能。如在教授dad这个单词时，让学生掌握a发/æ/这个音，再出示单词cat、fat、hat等a有相同发音的单词让学生进行举一反三地练习，学生通过学习一个单词的读音很快就能掌握许多单词的读音，而且可以连起来：Dad has a fat cat with a hat.学生读起来朗朗上口，印象深刻，自然轻轻松松就把单词记住了。发音的教授更让学生看到单词马上就能拼写出来，如car中的字母组合"ar"发长元音/ɑː/，掌握这个单词的发音后，老师可以出示类似的单词star、far、farm、park等发音相同的单词，学生根据自然拼读法加上我们的母语拼音自然就可以拼读读出这些单词，老师们只要告诉这些单词的意思就可以了，而且学生下次再看到有ar的单词就能准确地拼读出来了，这样的单词记忆轻松愉快，又事半功倍。

2. Phonics提高学生学习和记忆单词的效率

在一线教学实践研究我们发现，自然拼读法是学生学习单词最快、最简单、最有效的方法。从小学低年级开始就利用自然拼读法（Phonics）进行语音和单词教学，是将学生从死记硬背的沉重负担中解放出来的好办法。运用自然拼读法教学，学生只要掌握了单词中字母的发音和字母组合发音，掌握了英语字母这种音形对应关系之后，学习单词就再也不用靠模仿来记住单词的发音，可以做到见词解码，直接拼读出单词；了解了英语拼写和读音之间的关系，也可利用这些规律音编码直接写出单词。（见图1）

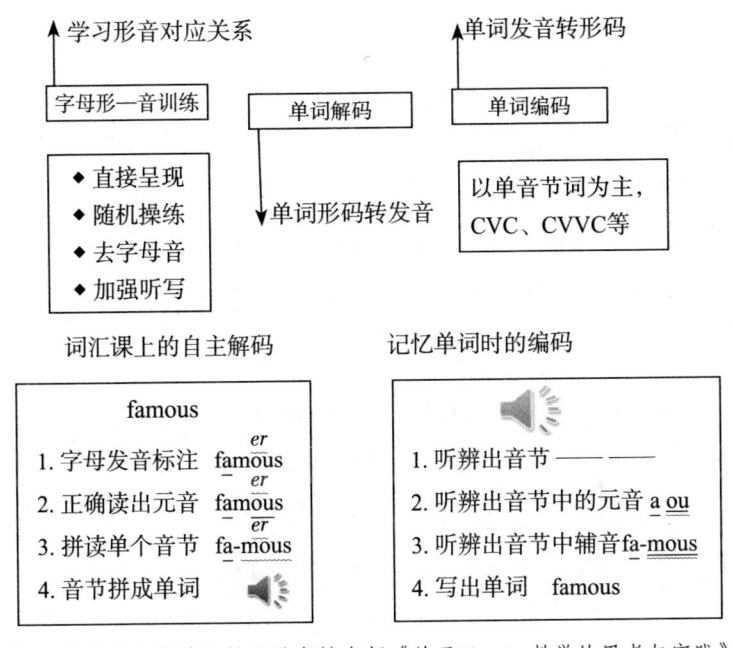

图1　黄埔区小学英语教研员高敏老师《关于Phonics教学的思考与实践》

3. Phonics培养和提高了学生的自主学习能力

　　当代教育强调的是学生的自主学习和主动探索，不再是按部就班的被动填鸭式学习。模仿跟读法和音标拼读法相对比较死板，不符合当代学生的学习特点，Phonics自然拼读法就灵活得多，它让单一枯燥的单词学习变得多样，让学生们学会举一反三，也让学生在最短的时间找到学习英语的成就感和乐趣，因此非常适合在小学教育中使用。古人云："授人以鱼，只供一饭之需；授人以渔，终身受用无穷。"教会学生如何学习比传授知识更加重要，因为掌握学习方法是终身受用的，是通向成功的桥梁。学生们如果掌握了自然拼读，就相当于找到了一座学习单词的桥梁，有了桥梁就能轻松、顺利通往成功的彼岸。如学习了字母o的发音/ɒ/，学生们就可以自主学习以下新的单词了：lot、god、 mom、top、pot、dog。

四、积极开展"Phonics自然拼读"的课题实践

掌握了上述理论知识，李薇工作室的成员们就开始着手进行教学"Phonics自然拼读"的积极实践。主要是解决三个主要问题："教什么""怎么教""如何评价"。

（一）教什么

为了更贴近学生平常的学习，让这些自然拼读的学习变得简单而有意义，工作室的老师们煞费苦心，在仔细研究广州市三、四年级英语教材的基础上，老师们根据教材中每一Module（模块）出现的单词进行音素归类，按照每个模块5个左右的音素教学进行了学习安排。这样，学生们在学会音素的同时，还能更好地理解和记忆课本上的单词和对话，让学习变得更高效。

每一模块5个左右的学习内容如下：

三年级上册 Phonics

Module 1　Aa Bb Cc Dd Ff

Module 2　Ee Gg Hh Jj Kk

Module 3　Ii Ll Mm Nn Pp

Module 4　Oo Qq Rr Ss Tt Zz

Module 5　Uu Vv Ww Xx Yy Zz

Module 6　Aa Ee Ii Oo Uu 复习

三年级下册 Phonics

Module 1　a a _ e b c d

Module 2　e ee f g h

Module 3　i i _ e j k l m n

Module 4　o o _ e p q r s t

Module 5　u u _ e v w x y z

Module 6　a e i o u y

四年级上册 Phonics

Module 1　sh a _e a ar ay

Module 2　ch e _e e e ee ea

Module 3　l l/ll i _e i ir igh

Module 4　c o _e o o or oa ow ow ou

Module 5　wh wh u _e u ur

Module 6　j g th th ng y

四年级下册 Phonics

Module 1　c ck ai ay as（s）au aw air

Module 2　g g ea ey er ew ear ere

Module 3　tr dr nk i ind wr

Module 4　o ou oo oy old oor

Module 5　ph u u uy

Module 6　qu ts ds y y

（二）怎么教

在确定了每一模块教授的内容之后，我们开始研究如何在有限的课堂教学时间中渗透Phonics教学，探索小学英语Phonics教学的有效方法，构建实施小学英语Phonics的教学模式。为了保证Phonics自然拼读的教学效果，同时不影响广州版课本教材的教授进度，工作室确定了"两周一次Phonics"的教学原则，也就是每个Module安排两节Phonics的内容，教师对照每一模块的学习内容制作好授课课件，每节课大致分为四个阶段：Let's read（拼读闪卡）、Phonics word games（拼读游戏）、Exercise time（拼读练习）、Read the rhyme（拼读小诗）。持之以恒，以此来提高学生学习英语单词的效率，并巩固和扩大小学生的英语词汇量，增强语感，为高年级的阅读学习打下坚实基础，培养他们形成自主学习单词和阅读的能力。

1. 自然拼读的授课方法

（1）模仿读音。老师可以用PPT自制音素拼读的幻灯片，让学生模仿跟读，了解其发音，培养学生的拼读能力，不断地重复操练，让孩子记住它们的外形和发音。学过的可以贴在教室里孩子目光所及的地方，随时可以看见，随

时练习，经常巩固复习。（如图2）

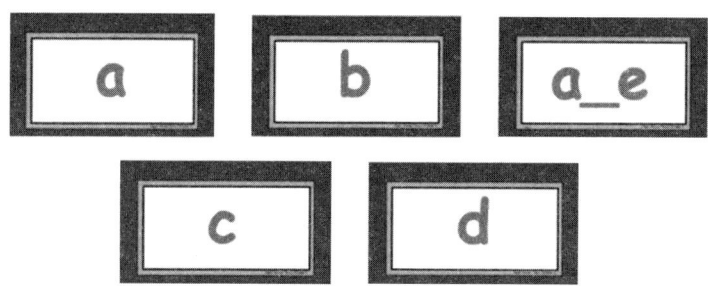

图2 三年级下册Module 1

（2）游戏操练。小学生都是比较喜欢游戏的，通过游戏进行操练，学生学起来会更起劲，所以在认读结束后，我们可以用游戏的方法巩固和检验孩子们的学习效果。①快速拼读。学完a的发音后，用此游戏进行操练，学生们紧张刺激、举一反三，快速拼读出新单词；②变换辅音拼读单词。同一个元音，要求学生加上不同的辅音，重新拼出新单词。

（3）运用练习。自然拼读用法灵活，必须在单词的运用中不断地操练，学生才能掌握其规律，从而掌握自主学习的方法。如：①判断读音是否相同。考查学生对字母a两种发音的认识和理解，如rate、rat；②听音补全单词：根据单词读音，编码写出单词，考察听音写词的能力，如 d_d、f_t、m_p、p_t。

（4）拼读小诗。通过自然拼读学习单词后，最终还是要运用于篇章的学习，要词不离句，在词组中认读、在句子中认读、在情境中认读，建立音、形、义的联系，进一步促进自然拼读的内化，而小诗的拼读就是内化篇章学习的简单开始，而且拼读小诗有利于培养学生的语音语调，形成一定的语感，例如I have a cat. His name is Jack. He is black. He is fat. I love my cat.通过小诗可以很好地记住字母a的发音。

2. 自然拼读教授的原则

（1）保证有趣，学以致用。学习一定要和应用相结合，自然拼读也一样，只有学以致用，才能更好地掌握。而小学生的注意的时间不会太长，拼读、拼写训练又需要进行大量的机械操练。为了不影响他们的学习兴趣和效果，老师们要设计形式多样的游戏和活动，不断激发孩子学习英语的兴趣，使其降低焦虑，不断地巩固、复习、检查孩子们对自然拼读的掌握情况。例如，可利用小学生乐于在做中学（learn by doing）的天性，将每个音素配上动作，帮助记忆。还可以设计一些游戏，或组织唱歌、吟韵律诗、念绕口令等活动，让学生在玩中练、唱中练、吟中练、念中练。结合短语、句子、小诗、故事等方式，多方面、多角度巩固学习，学以致用，让学生形成"见词能读、听音能写"的能力，如以下小诗读起来朗朗上口，既有趣又可以巩固所学的字母e的发音：

Ben likes red

Ben paints the eggs red.

Ben paints the eggplants red.

Ben paints the lemons red.

Ben paints the hens red.

（2）借鉴经验，创新教法。自然拼读法在美国、加拿大等英语国家已有上百年的历史，只要利用网上的搜索引擎，键入"phonics教学""自然拼读法"等关键词，就可以查到无数与之相关的内容。但是国外的经验多是建立在母语教学的基础上，有些做法未必适合我们中国的学生。例如，在阅读教学中，国外学生只要会读文章中的词，一般就知道其意思，而对我们的学生而言，因为自然拼读法并不能为学生提供生词的意思，对文章中的生词即使是通过音形规律会读，也不能明其义。因此，在运用自然拼读法的过程中，不能全盘照搬国外的经验，而应结合学生的实际情况在教学方法与活动设计上有所创新。如，可以利用身体和四肢的变化，帮助学生记忆字母的"形"，让学生在动脑、动手、动脚、动耳、动眼、动口的过程中学习英语发音，可以利用图片让学生明白单词的意思，也可以通过情境表演等让学生在拼读新单词的同时了解其意思。

（三）如何评价

评价是为了更好地了解学生学习的效果，根据学生的实际情况，确定评价标准，选择评价内容，采用恰当的评价形式，切实提高评价的有效性。在设计和实施评价的过程中，要根据三、四年级学生的特点设计评价方式，充分考虑学生的年龄、心理特征及认知水平，选用合理、多样的评价方式，如自我评价、同伴评价、家长评价、教师评价等实现形成性评价与终结性评价相结合，口试、听力和笔试相结合的方式，综合考查学生的语言运用能力：

（1）日常表现评价：日常的学习态度和上课表现，占50%。

（2）口试：Read the new words and rhyme（用自然拼读法拼读新单词和小

诗），占30%。

（3）笔试：运用Listen and fill（听音填词）、Listen and tick（勾出发音相同的词）、Choose and write（选词编写小诗）等方式，对学生的学习成果进行评价，占20%。

现在的英语教学越来越重视学生自主能力的培养，小学生在学习英语的初始阶段就建立英语字母和发音的联系，加上适当的练习，使学生遇到生词的时候，就可以张口念、出声读，这对学生将来的自主学习是很有帮助的。因此，通过自然拼读法来培养学生的拼读、拼写以及阅读能力是可行而且必要的。当然，英语单词中还有不少不规则的情形，如have、some、do等，故我们在教学时不能过分强调读音的规则性，要让学生认识到自然拼读法仅是发音学习的辅助工具，并不能用它解决所有单词的发音问题。

以上是我们工作室在"Phonics自然拼读"的探索与实践，我们将在今后的课堂实践中不断改进，大胆创新，最终提出一套行之有效的"Phonics自然拼读"教学模式和方法，为区域辐射提供更好的方法和案例，相信Phonics在教学上的实施会让更多孩子受益，也相信孩子们能在自然拼读的引领下，更高效地识记单词，轻松快乐地学习英语。

参考文献

［1］安妮鲜花.不能错过的英语启蒙：中国孩子的英语路线图［M］.北京：外语教学与研究出版社，2011.

［2］李兆增.语音是小学英语教学的重中之重［J］.国家基础教育外语教学与研究，2008.

《攀登英语阅读系列·有趣的字母》 绘本故事（1）

——I Am a Witch教学设计

张丽琼

【教学内容】

本节课的教学内容是《攀登英语阅读系列·有趣的字母》绘本故事I Am a Witch。神奇的魔法总能吸引孩子的目光。小巫女变呀变，一会儿变成大灰狼，一会儿变成睡美人，一会儿又变成一阵风……图画书应用结构化的句式I want to be...重复出现了多个含有字母w的单词，让孩子在有意的重复当中学习字母w的发音，绘本故事内容如下：

I am a witch

I am a witch.

I want to be a wolf.

The wolf is coming!

The wolf is coming!

I want to be a beauty.

Wow! What a beautiful woman!

I want to be the wind.

I won! I won!

I want to be the watermelon.

Wait a minute！！！Wait! Wait!

【学情分析】

三年级的学生比较活泼好动，不喜欢被动地学习，喜欢有挑战性的学习，喜欢生动有趣的课堂教学，因此对生动有趣的英语绘本学习充满了兴趣。

【教学目标】

1. 学生能够理解本课故事大意。
2. 学生能够在富有趣味的故事中学习并尝试使用I want to be... 这个句型。
3. 学生知道字母w在单词中的发音。

【教学重难点】

学生能够懂得w在单词里的发音。
学生能够通过模仿表演故事。

【教学策略】

动感歌舞引入故事，提问、游戏等方式学习故事，小组合作创编故事。

【教学准备】

PPT、绘本、单词、句型卡片。

【教学过程】

（一）热身与导入（Warming-up）

1. 通过视频、唱歌、跳舞热身

设计意图：通过与故事相关的趣味小视频，抓住学生的眼球，让学生唱唱跳跳动起来，引出今天的主角小巫女。

2. 小巫女道具展示

（1）请一位小朋友出来，给其带上帽子、披上披风，给其魔法棒，引出单词witch。

（2）询问孩子Who is she/he? 和扮演小巫女的小朋友 Who are you? 引出故事题目I Am a witch。

设计意图：在看完视频的基础上，通过老师自制的道具，让孩子们更加明晰今天的故事主人公witch。

（二）故事前（Pre-reading）

1. 抛出问题，让故事引人入胜

T：The witch has power. Do you want to know what happens?

设计意图：通过老师夸张的语言和表情，让今天的故事具有神秘感，让学生渴望知道拥有魔法的小巫女即将会发生什么事情。

2. 图片环游，配上音效

设计意图：通过图片环游，让学生对故事有一个总体的感知，激发学生学习这个故事的欲望。

（三）故事中（While-reading）

1. 细讲故事

老师通过讲故事的方式，教授单词wolf、beauty、wind、watermelon，借助视听方式，了解信息，让孩子们掌握故事的细节和来龙去脉。

设计意图：通过听一听、唱一唱、读一读的教学方法，让学生在情境中感悟，在阅读中理解，在朗读中巩固。

I want to be a wolf.

Want，want，wolf，wolf. I want to be a wolf，wolf，wolf.

2. 细读故事

小组练习朗读故事，听着录音，翻开绘本，边听边读，细细品味故事的趣味，并且在小组内有感情地读出来。

设计意图：借助录音，小组朗读不仅可以帮助学生在阅读中体会互助、合作，还可以降低阅读难度。

（四）故事后（Post-reading）

1. 场景扮演

以小组为单位，选择其中一个场景，完成表演对话。

设计意图：四个不同的场景，都交给孩子们去扮演，实现了从扶到放，促进学生巩固对故事内容的理解，并培养学生组织归纳图文信息的能力和口头的表达能力。

场景1：狼与小猪

A：I'm a witch. I want to be a wolf.

B：Help！Help（救命）！The wolf is coming. The wolf is coming.

场景2：公主与王子

A：I'm a witch. I want to be a beauty.

B：Wow！What a beautiful woman！

场景3：风与太阳

A：I'm a witch. It's so hot（热）. I want to be the wind.

B：I'm the sun. It's sunny.

A：I won，I won！Haha（哈哈）！

场景4：西瓜与猪八戒

A：I'm a witch. I want to be the watermelon. Hurray！（喝彩）

It's so cool！

B：Wait a minute！

A：Wait，wait！

2. 故事拓展

如果你是小巫女，你会变成什么？

设计意图：鼓励学生学会创编，发挥想象，尝试完成chant，操练句型，模仿演绎，尝试在表达中习得语言。

If you were a witch，what do you want to be?

Want，want，_____，_____，

I want to be a robot，_____，_____，_____！

3. 知识回顾

关注故事中含有字母w的单词，体会w在单词中的发音：w-/w/ witch。

设计意图：通过拼读含字母w的新单词，巩固对字母w发音规律的理解。

【板书设计】

I Am a Witch

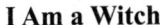

a

a

I want to be

the

a

【教学反思】

这次的攀登结对子教研活动非常有意义，我对这次上课效果比较满意。本次虽是异地教学，跟学生也是初次见面，一开始很怕我的热情换来的是学生的懵懂。后来我发现异地教学有一个技巧，就是只要精心准备，把教学用语简单化，再配上适当的肢体语言、动作表情，孩子们慢慢地就会被你的热情所融化，完全沉浸在你的课堂里。本次教学我主要融入了音素教学、歌曲童谣、视频、背景音乐、特制口令、小组活动、评价激励、文本重构、问题引领、图片环游、拓展交流、小组表演、知识回顾等教学资源和策略。其中做了一个大胆的尝试是，自创自编chant，使得文本朗朗上口，富有节奏感和趣味，让孩子享受学习故事的过程。虽然花了不少心思，可是毕竟年轻有很多不成熟的地方。其中包括在表演环节可以更加体现小巫女瞬间魔法变身的情景，可以借助PPT的制作，快速让小巫女变身，再加上适当的头饰，可以把整个情景的氛围渲染起来。另外，在教单词方面还可以借助更多的方式，不一定全部都是图片、声音和chant，这样可以更加多样化和丰富。

《攀登英语阅读系列·有趣的字母》绘本故事（2）

——Cool Cat 教学设计

杨 琪

【教学内容】

本节课的教学内容是《攀登英语阅读系列·有趣的字母》绘本故事Cool Cat。故事讲述了一只酷酷的小猫Cary，它十分能干，它能切胡萝卜、爬树，甚至能帮鳄鱼洗澡，能做很多事情，绘本故事内容如下：

Cool Cat

Cary is a cool cat.

Cary can cut carrots like this.

Cary can climb a coconut tree like this.

Cary can clean a crocodile like this.

Cary can catch flies like this.

Can Cary color like this?

Yes! Cary is a cool cat.

【学情分析】

本节课的授课对象是小学三年级学生。他们已经有两年的英语学习经历，具有一定的英语基础，并且开始接触自然拼读教学。学生掌握自然拼读规律，就能对新单词进行解码和拼读。因此，通过自然拼读教学能提高学生的识词能力，进而提高阅读能力。三年级学生活泼好动，有强烈的好奇心和表现欲，其认知水平与教学材料的内容十分吻合。教师在教学过程中可以设计一些有趣的活动，让学生积极参与其中，在玩中学。同时，教师还要巧妙设计团队合作的任务，培养学生互帮互助、团结协作的精神。

【教学目标】

1. 知识目标

（1）学生能读懂图片和文本，理解故事大意。

（2）学生能拼读词汇carrot、coconut、crocodile、clean、catch等。

2. 能力目标

（1）学生能够流畅、有感情地朗读所学故事。

（2）学生知道字母c在单词中的发音，并运用其规律，拼读简单的单词。

【教学重难点】

1. 学生能流畅、有感情地朗读所学故事。

2. 学生能掌握字母c在单词中的发音规律。

3. 学生能运用规律，拼读含有字母c的词汇。

【教学策略】

在教学绘本故事的时候，运用阅读式教学，让学生借助教师的肢体语言和生动的卡通画，自己去理解和感受故事，从中得到乐趣，获得成就感，从而激发学生学习英语的兴趣。

【教学准备】

绘本故事书、多媒体、教学课件、自然拼读词卡、Cary的头饰等。

【教学过程】

Step 1：Task Leading-in

1. 英文字母歌曲预热

T：Let's sing a phonics song together.

设计意图：通过学生代表领唱、全体齐唱英文字母歌曲热身，激发学生的学习兴趣。

2. 介绍主人公Cary（如图1所示）

T：I have a new friend. Do you want to know him?

Ss：Yes!

T：His name is Cary. He is very cool. He can do many cool things.

图1　主人公Cary

设计意图：引起学生的好奇心，同时为后面的学习做铺垫。

Step 2：Audio Video Input

1. 学生看图进行猜测

引出正确答案，并跟读单词、短语。

场景1：

T：Look at the pictures. What can Cary do?

Ss：He can cook.

T：Can you see the knife in his hand? What can he do with the carrot?

S：He can cut the carrot.

场景2：

T：Cary is cleaning something. What is he cleaning?

S：The floor.

T：He is cleaning a big animal. It's a crocodile.

场景3：

T：What can Cary do?

Ss：He can read.

T：Yes, you're right. And he can catch something. Look!

Ss：Flies.

设计意图：激发学生的兴趣，拓展语言知识，让学生掌握字母c的发音；纠正读音，规范学生表述。

2. 根据图片，快速说出短语（如图2所示）

T：Children，please look at the pictures and say the phrases quickly.

Ss：OK.

clean a crocodile　　climb a coconut tree

图2　说出短语

设计意图：复习短语，强化记忆，便于学生流畅地表达。

3. 观看视频，理解故事内容

T：Now listen to the story and watch carefully. Try to understand the story.

设计意图：让学生根据要求，认真观看视频，领悟故事大意。

Step 3：Situational Practice

1. 学生朗读故事

T：Read the story beautifully.

设计意图：鼓励学生开口读书，锻炼学生的朗读能力，让学生进一步熟悉故事内容。

2. 学生分小组表演故事

T：Now is your show time. Practice in your group and then perform.

设计意图：鼓励学生大胆、自信地说英语，把所学知识用于不同情景中，培养学生的语言应用能力。

Step 4：Knowledge Review

1. 听小诗，并找规律

T：Listen to a chant and find the rule for letter c.

Ss：c c—/k/ /k/，c-c-cat.

设计意图：学生仔细听，认真观看小诗，找出字母c的发音规律。

2. 用拼读卡练习

T：Work in groups. Try to read some new words with letter c.

设计意图：学生以小组形式拼读以字母c开头的单词，训练学生的拼读能力，增强学生小组合作的意识。

3. 小组拼读

T：Do you know how to read these words？Let's have a try.

Ss：小组拼读

c c—/k/ /k/，c-c-cap.

c c—/k/ /k/，c-c-cub.

设计意图：检测学生对于单词发音的掌握程度。

4. 跟唱歌谣

设计意图：强化巩固所学知识。

Step 5：Homework

教师布置作业：

（1）有感情地把绘本故事读给家长听。

（2）收集五个以字母c开头的新单词，并尝试拼读。

【板书设计】

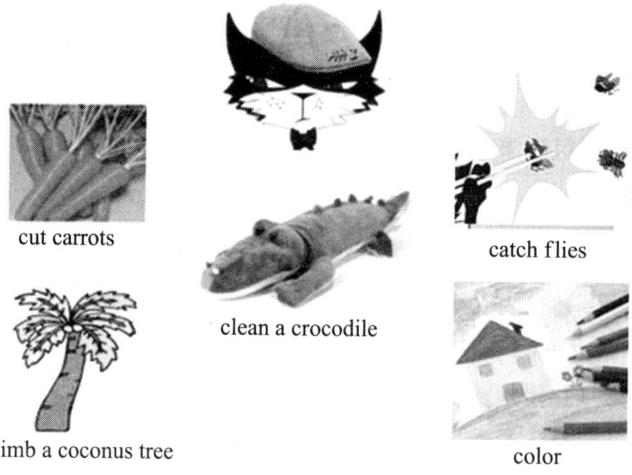

cut carrots

clean a crocodile

catch flies

climb a coconus tree

color

【教学反思】

本节课的教学对象为小学三年级学生，教师所选的教学内容符合学生的认知水平和兴趣。整节课的教学目标明确，教学内容丰富，教学活动设计合理，取得了良好的教学效果。本节课具有以下特点：

1. 自然拼读法教学

在教学过程中，教师先用英文字母歌曲作为导入，活跃气氛的同时让学生有意识地接触自然拼读，有利于后续环节的顺利开展。运用自然拼读法教学单词，能够促进学生语言技能的发展。学生掌握了自然拼读法，了解英语发音与拼写之间的关系，对于大部分简单的单词便能达到"见词能读，听音能写"的程度。熟练运用自然拼读法，能大大提高学生学习英语单词的效率。

2. 营造活跃的氛围

在本课教学中，教师对绘本故事进行了处理，先遮挡图中部分内容，鼓励学生发散思维、大胆猜测，激起学生的好奇心与探索的兴趣。教师对于学生的猜测进行有效的引导，使课堂气氛活跃的同时，课堂秩序得以保持。此外，教师根据学生年龄特点，设置故事表演环节，使学生在这一过程中感受到英语的趣味与魅力。营造轻松、活跃的学习氛围，能极大地调动学生的积极性，令学习过程充满乐趣。

3. 注重小组合作

新课程改革强调学习方式的改变，提倡小组合作学习。在上课之前，教师把学生分为几个学习小组。在故事表演、单词拼读等环节，都需要学生以小组合作的方式进行。小组合作的方式，有利于学生优势互补，形成良好的人际交往能力。因而教师重视培养学生合作能力，多次开展小组活动。

本节课主要进行字母拼读的学习操练，相对弱化了对情感目标的设置和处理。今后应该多思考如何有效设置情感目标，升华主题，使学生能够全面发展。

《攀登英语阅读系列·神奇字母组合》绘本故事（1）

——No Book，Just Cook教学设计

赖敏敏

【教学内容】

本节课的教学内容是《攀登英语阅读系列·神奇字母组合》绘本故事No Book，Just Cook。故事讲述了Mr. Hook想成为一名大厨，为了实现自己的梦想，他做了很多努力。最终，Mr. Hook成为一名非常优秀的大厨。（见图1）教师根据学情和教学需要，对绘本故事整体做了巧妙的设计，取得了良好的教学效果。绘本故事内容如下：

图1 绘本故事封面

No Book，Just Cook

Mr. Hook wants to be a cook.

"I need a good cook book."

He looks for the book here.

He looks for the book there.

Mr. Hook looks for the book everywhere.

Mr. Hook meets a good cook.

"Can I have your good cook book？"

"No book. Just cook！"

From day to night，Mr. Hook cooks and cooks.

From night to day，Mr. Hook cooks and cooks.

And he writes a book How to cook.

【学情分析】

本节课的授课对象是小学四年级学生。他们已经有三年的英语学习经历，英语基础较好，尤其是在三年级已经开展了自然拼读的教学。自然拼读是阅读的工具，学生掌握自然拼读规律，就能获得对新词进行解码和拼读的能力。所以，通过自然拼读提高学生的阅读能力比孤立地进行词汇教学更有效。四年级学生活泼可爱，好奇心强，有较强的表现欲，其认知水平和兴趣点与教学材料的内容及特点非常吻合。教师在教学过程中可以设计一些有梯度、发散性强的问题让学生独立思考，进行头脑风暴，减少固化的语言框架。同时，教师还要巧妙设计团队合作的任务，培养学生互帮互助、团结协作的精神。

【教学目标】

1. 知识目标

（1）学生能读懂图片和文本，理解故事大意。

（2）学生能读懂、会说、会读词汇hook、cook、foot、good、book等。

（3）学生能听懂、会说、会读、会运用核心句型：No book. Just Cook！/ Mr. Hook wants to be a cook.。

2. 能力目标

（1）学生能够流畅、有感情地朗读所学故事。

（2）学生能够知道字母组合oo在单词中的发音，并运用其规律，拼读简

47

单的单词。

3. 情感目标

通过对本故事的学习，学生能思考自己的梦想，并为之不懈努力奋斗。

【教学策略】

1. 将语言知识尽可能运用于真实自然的情景当中，与学生的生活相结合，达到学以致用的目的。

2. 任务设置考虑难度，以"单词—句型"层层递进。

【教学重难点】

1. 流畅、有感情地朗读所学故事。

2. 字母组合oo在单词中的发音规律。

3. 运用规律，拼读新单词。

【教学准备】

多媒体、教学课件、绘本故事书、自然拼读词卡、Mr. Hook的头饰等。

【教学过程】

Step 1：Warming-up

1. 用音素英文歌曲热身

T：Let's sing a song together.

Ss：Great!

设计意图：课前齐唱音素英文歌曲热身，让学生回顾字母组合的发音规则，为后面的拼读学习做铺垫。

2. 快速拼读

（1）老师随意抽取几个字母及组合，让学生快速读出它们的发音。

T：Can you read these letters?

Ss：a，e，i，o，u，oo，ai...

（2）老师把这些字母组合成单词，让学生快速拼读出这些单词（如图2所示）。

T：Excellent！Can you try more？

Ss：fat，bat，pat，mat...

T：Wonderful！

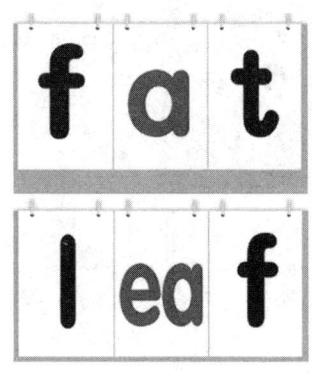

图2　拼读游戏

设计意图：让学生熟练掌握单独字母及组合的发音规则并进行简单的拼读。

3. 看一看，猜一猜，找一找

（1）老师在PPT上展示几张被挡住主要部分的图片，让学生猜图片所代表的单词（如图3所示）。

T：Guys，look here！Can you guess？

Ss：It's book，cook，good，look.

T：Wow，you are so smart.

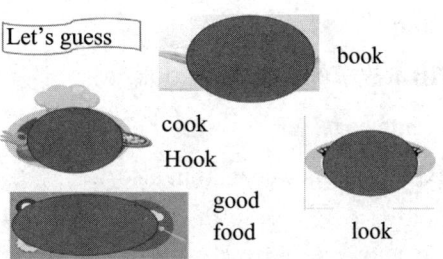

图3　让我们猜猜单词

（2）老师把刚刚猜出来的单词有顺序地罗列出来，让学生找出其中的规律，以此引出oo字母组合（如图4所示）。

T：Can you find out the rules？

Ss：Oo says...

图4　找规律

设计意图：让学生在轻松愉快的猜图说词中感知本节课学习的知识，激发学生的学习兴趣。

（3）老师利用多媒体，播放一首既可唱又可读的chant小诗，先带读，再齐读，最后分小组读：

Yummy！Yummy！Yummy！

Yummy！Yummy！Yummy！

I like cookies. I like cookies.

Thank you！Thank you！Grandma.

Thank you！Thank you！Grandma.

She is a very good cook.

设计意图：帮助学生加深对字母组合oo发音规则的理解。

Step 2：Pre-reading

1. 自由讨论，引出本故事的关键词：cook

T：Who wears a white coat?

Who not only（不仅）wears a coat，but also（而且）makes delicious food?

Ss：A cook!

2. 观察故事封面，引出cook和book

T：Look at the picture，what can you see?

How many people are there in the picture?

Who is he?

S：I can see a cook./ I can see a pot./ I can see the title...

There is one person in the picture.

He is a cook.

设计意图：通过观察封面，引入课题No Book，Just Cook.

3. 创设故事情境，引导学生观察故事图片

T：I have a friend. His name is Mr. Hook. Do you want to say hello to Mr. Hook?

Ss：Hello，Mr. Hook.

T：But Mr. Hook is not happy today. Would you help him?

Ss：Yes！

T：What does he want to be？Does he have any ideas about how to be a cook？How？And what happens？

设计意图：通过创设情境，引导学生观察，激发学生的求知欲，启迪学生的思维，帮助Mr. Hook实现梦想，并为故事的结局做铺垫。

Step 3：While-reading

1. 默读故事

预设理解任务，学生独立浏览故事P1—P11，并完成任务。

T：Who does Mr. Hook meet？

What does Mr. Hook say？

What does the cook say？

设计意图：本环节让学生自主翻阅绘本，满足学生对故事内容的期待。通过简单的问题检查学生的理解情况。

2. 大声读故事

小组共读故事P12—P15，完成任务；引导学生观察图片，核对答案，并谈论图片，师生合作完成故事大意的思维导图。

T：What does Mr. Hook decide（决定）to do？

T：Does he become a good cook now？

设计意图：引导学生大声朗读故事并关注图片细节，让学生自己形成对故事的理解并完成阅读任务，同时教师的引导与故事内容相结合，帮助学生理解单词cook的发音与意思。

3. 头脑风暴

学生讨论：Mr. Hook为什么会成功？

T：What makes him successful?

T：What should you do to succeed? （你要怎么做才能获得成功？）

Ss：Because Mr. Hook cooks day and night./Because Mr.Hook is hard-working...

设计意图：学生通过故事的学习去总结Mr. Hook获得成功的原因，同时提炼升华了自己想要成功应该如何去做，让学生学有所思、学有所用。（这里允许学生用中文表达）

4. 学生听录音跟读故事，部分句子进行美读训练

T：Let's read the story emotionally and fluently.

设计意图：通过让学生模仿录音的语音语调，规范学生的发音，同时培养学生的观察能力和朗读能力。通过让学生进行有感情地朗读，培养学生的"美读"意识和演读故事的能力。

Step 4：Post-reading

1. 听录音

设计意图：要求学生不看绘本听录音，有利于培养学生听的技能。同时，帮助学生理解故事，在头脑中形成自己的思维导图。

2. 有感情地朗读故事

设计意图：学生通过大声朗读，模仿录音的语音语调，规范学生的发音，同时培养学生的观察能力和朗读能力。

3. 复述故事

设计意图：通过图片复述故事大意，有利于培养学生组织归纳图文信息的能力和口头表达的能力。

4. 表演故事

设计意图：让学生在表演中去认识语言、感知语言，培养学生在情景中使用语言的能力。

Step 5：Summing-up

（1）关注故事中含有字母组合oo的单词，体会oo在单词中的发音，并尝试拼读字母组合oo的新单词。

（2）唱歌曲。

设计意图：归纳总结本课故事内容，明确字母oo在单词中的发音规律。教师根据学生通过对本堂课故事内容拼读练习的体验反馈，帮助学生梳理学习成果。

Step 6：Homework

教师布置分层作业（任选其一）

（1）用美读的方式把绘本故事读给父母听。

（2）用自己的语言讲述绘本故事给同学或父母听。

（3）写一篇小作文，我的梦想是什么以及如何实现。

设计意图：教师把作业任务分成不同梯度，有易有难，学生可以根据自身学习吸收的实际情况和本身的英语底子选择难度不一的作业任务。分层任务，有利于激发学生完成任务的动力，让不同层次的学生都能获得成功的喜悦。

【板书设计】

No Book，Just Cook

$$c + oo + k = cook$$
$$b + oo + k = book$$
$$g + oo + d = good$$
$$l + oo + k = look$$

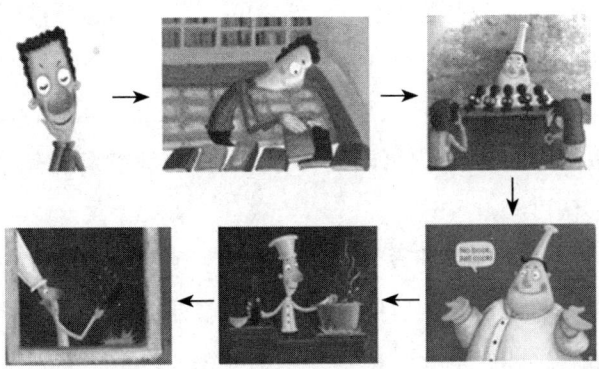

【教学反思】

本节课的教学对象为小学中年级学生，教师所选的教学内容符合学生的认知水平和兴趣。整节课的教学内容丰富，教学目标明确，教学活动设计合理，兼顾了学生思维能力和表达能力的训练，取得了良好的教学效果。

1. 积极创设问题情境

教师在本节课中积极创设问题情境，例如在阅读前对绘本故事书封面进行解读，创设出这样的一个情境：I have a friend. His name is Mr. Hook. Do you want to say hello to Mr. Hook? 教师巧妙地设置了一个与新朋友打招呼的情境，拉近了学生与故事主人公的距离。教学中，教师创设各种情境，鼓励学生大胆地说英语，这样就在无形中发展了学生运用英语交际的能力，培养了他们创新灵活运用英语的习惯。

2. 营造轻松、和谐的气氛

在教学过程中，教师注重与学生沟通，让学生消除对英语学习的恐惧，只有对英语感兴趣，才能保持英语学习的动力并取得好成绩。刻板的学习，不仅会影响英语学习的效果，还可能适得其反，让他们厌恶英语学习。因此，营造轻松、和谐的学习氛围有利于英语的学习。在本节课中，教师以一首简单又朗朗上口的自然拼读英文歌曲，很好地调动了学生的兴趣，又巧妙地营造了一个轻松、和谐的英语学习氛围。学生在乐中学，又在学中乐，学与乐两不误。

3. 鼓励发散、创新思维

传统的教学课堂，其特点是教师口授、板书，学生耳听、做笔记，片面强调教师的教，形成了以教师为主体的教学关系。学生的思想被固化，答案也是千篇一律。然而在本堂课的教学中，教师鼓励学生进行思维发散，例如在阅读中，教师抛给学生这样一个开放性的问题：What makes him successful? 和What should you do to succeed? 学生可以天马行空，所有的答案没有对与错，所有的回答都被包容和认可。

本节课基本完成了预设的教学目标，达到了预期的教学效果，但也存在一些不足之处。教师根据教学内容的特点，将本节课能力素养培养的侧重点定位于思维能力和表达能力，弱化了语言知识的操练，以至于英语能力相对薄弱的学生在课堂中表现的机会相对较少，今后还应该思考如何满足不同层次学生的需求。此外，由于课堂上学生的发散性思维和自主表达比较多，时间上的把控存在一定的难度。

【课后评析】

本节课是绘本故事阅读课，授课教师选取了既贴近学生生活又富含童真趣味，而且难度符合小学中年级学生认知水平的绘本故事。教师对图片及文本素材的挖掘、处理和应用也极富创造性，教学目标的定位充分体现了学科核心素养理念，课堂教学设计新颖，教学活动方式多样，有效地达到了预定的目标。本节绘本故事阅读课具有以下特点：

1. 自然拼读法教学

教师在本堂课的热身和导入都采用的是自然拼读法教学，学生把握了单词中字母的发音，可以做到见词能读；学生了解了英语拼写和读音之间的关系，使用这些规律就可以记住单词的拼写，做到听音写词。运用自然拼读法教学单词，能够促进学生各项语言技能的发展。英语的拼读能力是阅读能力的基础，当学生拼读和拼写单词的能力达到"见词能读、听音能写"的程度后，就可以很快地进行阅读教学。例如在本节课中，教师先用音素歌曲热身，让学生回顾字母组合的发音规则。然后随意抽取几个字母及组合，让学生快速读出它们的发音，再把这些字母组合成单词，让学生拼读出这些单词。紧接着，将单词有顺序地罗列出来，让学生找出其中的规律，以此引出oo字母组合。通过一首chant小诗，强化oo的训练。最后，学生输出字母组合oo在单词中的发音，并运用其规律，拼读其他简单的单词。

2. 作业分层

作业是课堂教学的延伸和补充，教师把作业分成不同梯度，让不同层次的学生自由选择合适自己的一项作业，摘到属于他们自己的果子，让不同层次的学生都能获得成功的体验。不同水平、不同层次的学生都能体验到成功，有利于培养学生学习的信心和兴趣。教师在设计作业时，以学生发展为本，面向全体学生，又因材施教，减轻了学生的作业负担，提高了学生学习的动力，同时，还增强了学生的合作意识，为培养学生优良的个性品质奠定了基础。

3. 小组合作学习

俗话说得好："一个人可以走得很快，但是一个团队可以走得很远。"在本节课中，教师把这句话的精髓很好地在课堂活动中演绎出来。上课之前，教师把学生分为几个学习小组，在一开始的自然拼读教学中，学生需要小组合作拼读单词卡片，再向全班展示反馈；绘本故事阅读中，教师要求小组共读故事完成任务；绘本故事阅读后，小组成员共同表演绘本故事。小组活动的效果取决于学生的合作能力，但是合作能力不是与生俱来的，教师必须重视学生合作能力的培养。小组合作学习可以使每个学生平等地参与学习，都有发言和表现自己的机会，学生的学习热情被大大地激发，积极性也被大大地调动。

在本节课的教学设计和实施过程中，授课教师并没有很好地整体呈现绘本故事，更多的是片段式呈现，影响了学生对故事情节的完整理解。这也正是我们在绘本教学过程中遇到的难题之一，需要我们进一步思考和探索。

3

TPR理论与实践，学生脑力全开动

有没有这样一种课堂，教师语言生动、动作活泼，学生全身参与、手脑结合，课堂气氛活跃，师生关系融洽？它是课堂，又似游戏，孩子们在玩中学，在学中玩。听上去是不是很美好？没错，这就是TPR教学法带给我们的新思路。

TPR理论在当前小学英语教学中的应用

李 薇

记忆不只是大脑的事，人全身的反应活动将大大促进记忆。

——（詹姆斯·阿士尔）

大家可能见过这样的画面：一位年轻的妈妈对她怀里抱着的1岁左右的婴儿说："宝贝，看看爸爸，看看爸爸！"小婴儿慢慢转过头来用眼睛去寻找他的爸爸。年轻的爸爸开心地叫了起来："他在看我，他有看我呢！"眼睛里充满了兴奋和喜悦。这是一幅日常生活中非常熟悉的画面，其中却蕴含着一个非常深刻的语言学问题。这么小的孩子，还没学会说话，却似乎已经开始理解成人的语言了。他们是怎么做到的呢？是不是每个人的大脑中都存在一个能够自然而然掌握语言的程序呢？全身反应教学法（TPR）正是建立在这一假设基础之上的理论。

TPR（Total Physical Response），即"全身反应教学法"，就是指一种在外语教学过程中，既重视听力理解，又强调全身反应的外语教学理论。它建立在"每个人的大脑中都存在一个能够自然而然掌握语言的程序"这一假设基础之上，由加州心理学家 James J. Asher在长达30年的实践基础上提出的一种颇有成效的外语教学理论。

一、TPR理论简介

首先，TPR的理念源于Dr. Asher对婴儿母语学习过程的观察。正如上述为大家所熟悉的画面，还不会说话的婴儿，却已经开始理解成人的语言，能用身体反应回应父母的语言指令，这说明，在"言语表达（speaking）"之前，婴儿已经将成人语言内化（internalize）为自身的一部分了。在长期的观察和研究中，Dr. Asher发现，每个婴儿在说话之前，都会经历一个较长的"听力理解（listening comprehension）"阶段。当婴儿觉得准备充足后，他才选择用语言去表达。世界上没有一个婴儿是先会说，然后才会听的，这一现象说明婴儿在学习母语时，听力理解先于言语表达。如果能将这种理念巧妙地运用到外语教学中，做到听力理解先于言语表达，外语教学也肯定能够取得成功。

其次，语言学实验表明，听力理解和言语表达是由大脑的不同部位控制的。听力理解由左脑控制，而言语表达由右脑控制。在传统的外语课堂上，教师让学生边听边跟读，学生的左右脑同时作用，易造成"大脑超载（brain overload）"、导致反应迟钝、知识记忆不牢固等不良后果。Dr. Asher认为，为了避免大脑超载，可以不要求学生边听边跟读，而是充分调动学生的视觉、听觉、触觉等多种感官协调动作，用他们的"全身反应（physical response）"去反馈、去强化、去记忆他们所听到的内容，从而促进语言的学习和掌握。

最后，Dr. Asher认为，传统的外语课堂，气氛紧张，充满焦虑，这种气氛对外语学习是非常不利的。因此，他倡议创设一种"无压力（stress-free）"的学习氛围，要求教师尽量创造条件，让学生有机会多听和理解目标语言。同时，要帮助学生明确学习外语的目的，进而启发学生的学习自觉性，充分调动学生的主观能动性。

Dr. Asher和他的TPR理论，曾经在世界上500多所大、中、小学的外语课堂上演示并取得了巨大的成功，它开创了一个成人和孩子学习外语的新天地。

二、TPR的优势与局限性

TPR的优势主要体现在以下两个方面：

1. TPR与儿童的言语发展

儿童的言语发展（language development of children）是儿童从言语获得到基本完善的量变和质变的过程。这一发展过程既是连续的，又可划分为阶段，表现出阶段性的特点。①3岁前是言语获得时期，即儿童对母语的产生和理解能力获得的时期。②3～6岁为完整口头言语发展的关键时期，即儿童的口头言语不断复杂化，初步掌握言语交际能力的时期。③7～18岁是言语提高和完善的时期，即儿童的言语在内容和形式上不断提高，发生质的变化，逐步达到完善的时期。对词语的理解能力，对语法结构形式的掌握也不断提高，语法结构意识逐渐形成。

TPR理论认为，儿童时期掌握一门语言，言语和表达能力是随着"听力理解"产生的。当"听力理解"获得的信息达到一定的积累，儿童就能自然地用语言表达出自己的想法。由此可以看出，TPR理论符合儿童的言语发展规律。

2. TPR与《新课标》

随着素质教育的全面推进，《基础教育课程改革纲要（试行）》应运而生。英语课程目标确立了以"学生的发展"为基本出发点的思想，特别强调要关注每个学生的情感，激发他们的学习兴趣，帮助他们建立自信。它倡导体验、实践、参与、交流与合作的学习方式，强调学生能用英语做事情，在做事情的过程中发展语言能力、思维能力以及交流与合作的能力；倡导创设能引导学生主动参与的教学环境，激发学生的学习兴趣，培养学生掌握和运用知识的态度和能力，使每个学生都能得到充分发展。

通过以上我们对TPR的简单介绍，我们不难看出，《新课标》的要求与TPR理论有不少相似之处。首先，TPR外语教学法最成功的一点，莫过于帮助学生树立自信心，体验成功的喜悦。从听力理解到全身反应，每个学生不论基础的好与坏、智商的高或低，都能真真切切地感受到理解另一门语言的快乐。他们自己说："Hey，原来学一门外语并不难！我能明白她说的话，我感觉棒极了！"在不知不觉中，他们树立了学习语言的自信心。其次，TPR注重无压力的学习气氛，重视全身反应，让学生在轻松中学习，在活动中学习，这有助于帮助学生消除紧张心理，激发他们的学习兴趣和学习热情。最后，TPR重视营造与实际生活紧密相连的学习环境，让学生在身临其境地实际体验中学习英语，并学会运用英语去做事情。TPR理论与《新课标》不谋而合，这也正是TPR的优势所在。

当然，TPR作为一种教学法，也有它的局限性。它适用于较为具体、形象、直观的内容，对于较为抽象或隐晦的内容，比较难以运用。因此，TPR理论特别适用于语言学习的初始阶段，当语言学习越来越深入时，它就逐渐失去其优越性。

目前，TPR的含义已经渐渐地被拓展了，更多地被看作是一种教学手段（technique），既强调"听力输入（auditory input）"，又重视"全身反应（physical response）"，代表的是视觉、听觉、触觉等多种感官在学习中的协调运作，与其他的教学手段一起分工协作，被大、中、小学的教师运用在各种各样的外语课堂上。

三、TPR的过程和特点

1. TPR的特点

TPR的特点为重视听力理解，重视全身反应，重视营造无压力的学习氛围。根据这三个中心内容，我们应该在课堂教学的具体实践中，根据班级的大小、学生年龄大小、学生英语程度的高低和课程的特点，营造贴近生活的学习环境，创造不同形式的TPR系列指令，并加以灵活运用，努力让学生"动"起来。

2. 使用TPR的基本要求

（1）发展学生的听力理解，然后再要求学生口头表达。

（2）教师在发出指令、请学生执行指令的过程中，介绍新词汇。

（3）让学生用动作说明他们的理解程度。

（4）允许学生在做好准备的情况下开口发言。

3. TPR的过程

Step 1：教师说出指令并做示范动作，学生边听边观察。

Step 2：教师说出指令并做示范动作，然后请学生跟着做。

Step 3：教师说出指令，不示范动作，请学生按照老师的指令去做。

Step 4：教师说出指令，不示范动作，要求学生复述指令、完成动作。

Step 5：请一位学生说出指令，教师和其他学生一起执行指令。

4. 需要注意的事项

（1）具体操作时，注意让学生用"全身反应"去强化语言的学习和记忆，避免让学生边听边跟读。

（2）教师要注意变化指令的顺序，让学生将注意力集中在听力理解方面，而不是单纯记忆机械性的动作。

四、TPR在小学英语教学中的实际应用

通过以上对TPR教学法的介绍，我们知道TPR理论特别适用于外语学习的初始阶段，它能一下子抓住学生的注意力，吸引学生参加活动，让他们在身临

其境的实际体验中学习英语。小学生好动，注意力难以持久，不愿意规规矩矩地坐在凳子上听讲，正是TPR理论最佳的适用群体。在课堂活动中让孩子通过跑、跳、做游戏等全身反应，在动中学，可以使课堂气氛活跃，儿童学习情绪主动，注意力持久。因此，TPR理论对于当前小学英语教学具有非常重要的指导意义。

下面，我想以我在教学中运用TPR的具体实例，和大家一道探讨如何在小学英语教学中使用TPR。我就以广州市小学英语教科书三年级下册Unit 11为例，谈谈我的一些做法和体会。

Unit11的课文内容是一段Sally一家三口关于整理房间的对话；主要的学习目标是学习生词against、corner、shelf以及句型put... in/on/under/against...的意义和用法。课文原文如下：

Mother：Put the table against the wall.

Sally：Which wall?

Mother：That one.

Sally：There's a chair here，Mum.

Mother：Put it in the corner.

Sally：This corner?

Mother：Yes.

Father：Let's put the bed by the window.

Sally：OK.

Sally：Oh，there are so many books on the floor.

Father：Put these books on the shelf. And put those books under the bed.

Sally：Good idea!

Father：Look! On the ceiling!

Mother：Yes!

Sally：It's a spider. Yuck!

这一课，因为课文内容祈使句居多，可操作性强，我设计教学时就决定着重采取TPR的程序来激活课堂气氛和学生兴趣。按照课文情境，我事先在教室一角布置了一个简单的卧室，里面摆放了一张小床、一张桌子、一把椅子、一个书架和一些书等，营造出一个与实际生活紧密相连的学习环境。

在做教学设计时，我根据上述TPR的五个step，设计出以下5条指令和相应的示范动作。

（1）Put the table against the wall.

（2）Put the chair in the corner.

（3）Put the bed by the window.

（4）Put these books on the shelf.

（5）Put those books under the bed.

在上课时，我先用多媒体课件演示了这5条指令。在遇到生词时，我就用手势演示，让学生们理解生词against、corner、shelf的意义，并熟悉它们的发音。我要求学生反复地听，并且边听边观察。在多次演示之后，我请了几个学生上台来到我设计的"卧室"中做示范动作，进行师生互动。然后，我请学生起来复述指令，并上台完成动作。最后，请一位学生说出指令，其余学生执行指令，完成语言的输出，进行生生互动。最后，我将上述指令编成一个朗朗上口的"Let's chant"，并用小鼓为他们伴奏，让学生在欢声笑语中愉快地学习。

这堂课，学生们表现出了以往在英语课上少有的热情，学生们不论基础的好与坏，都踊跃地举手要求参与。我也被学生们的情绪所感染了，师生之间形成了一个相互促进、相互影响的良性循环。这一切都让我切实感受到了TPR的优势和魅力。

在下一堂巩固课中，我对这堂课的内容进行复习时，发现几乎所有的学生都很清晰地记得课文中上述5条指令，并且相当一部分学生还可以举一反三应用到其他的一些简单的生活情境中。对比之前采用传统的教学方法，跟读、讲解、操练、巩固等程序，仍是这些学生，与这一课大致相同难度和数量的句型，一堂课下来真正能理解并正确运用的学生大约只有50%～60%。这是多么大的一个飞跃。

综上所述，TPR理论符合儿童的言语发展规律，符合《新课标》的要求，同时能够调动学生学习语言的积极性，TPR技能已经成为当前小学英语教师必须具备的素质之一。使用TPR后，你会发现课堂活动的参与面广了，课堂活动不再只是为基础好的学生设计，而是真正面向全体学生，相信你一定也会深受感染，带领你的学生向语言学习的高峰不断攀登。

参考文献

［1］Brown，H. Douglas. Principles of Language Learning and Teaching［M］. Upper Saddle River：Prentice Hall，2006.

［2］朱志贤.心理学大词典［M］.北京：北京师范大学出版社，1989.

［3］鲍承模."美国中小学英语为第二语言"现代教学法简介［J］.上海教育，2000：63-64.

［4］中华人民共和国教育部.基础教育课程改革纲要（试行）［S］.北京：人民教育出版社，2001.

TPR教学，打造小学英语灵动课堂

——广州版四年级下册"Unit 7 What do you do when you have free time"教学设计

穆玲玲

在小学英语的诸多教学法中，TPR教学法一枝独秀，有其独到的优势。该教学法力图通过身体活动来进行语言教学，是一种建立在语言和行动和谐基础之上的语言快速学习法。其目的是在开口之前培养听的能力，言行协调一致，减少语言学习中的心理压力。

TPR教学法注重语言学习中的互动模式，其优势在于强调身体的互动性、教学的生动性，以便让孩子可以更直观地在游戏中学习，同时也可以更好地激发孩子语言学习的兴趣。它能让孩子在轻松、快乐的情景中学习英语，能充分调动学生的积极性。

TPR教学法在小学英语课堂中的应用主要是教师用英语说出指令并做出与该指令相一致的示范动作，学生需要边听教师的指令边观察其动作，并说出该句子。

小学生抽象思维能力较差，不善于通过分析对比来掌握语言规律、记忆词汇。但他们天性活泼好动，对于直观的视觉刺激有较好的接受能力，同时也乐于模仿、参与其中。比如，教师在教授walk、stop、jump、run等指令性动词时，会先边说单词边做动作，教师通过肢体语言将这些动作直观地展现给学生，这时学生在听的过程中就习得了这个单词的意思，然后学生在练习时边模仿动作边说英语单词，将学习内化为已知信息。而且在这个过程中教师用英语说出指令，学生需要在自己做出相应动作的同时用英语重复教师的指令。学生在这样重复的过程中，既需要集中注意力聆听教师所发出的指令，又需要在接下来的过程中自己重复该指令。这样在一听一说之间，培养了学生的听说能力。

简而言之，TPR教学法的核心要义在于"动"，"动"不仅仅体现在"肢体反应"的动作上，更在于全员参与课堂的生动，以及学生身心投入的灵动。为此，我在四年级下册Unit 7中尝试了这样的教学设计。

【教学内容】

本课的教学内容选自科教版《英语》（三年级起点）四年级下册Module 4 Activity中第Unit 7 What do you do when you have free time？的第一课时。这是一节听说课，教材文本如下：

Jiamin：It's Sunday and I feel bored.

Janet：Me too. What do you do when you have free time？

Jiamin：I often do some reading. Look，I'm reading an interesting book.

Janet：I don't like that. I usually watch cartoons. Shall we watch a cartoon？

Jiamin：Great！Let's watch the Monkey King.

本课的情境是Jiamin和Janet谈论空闲时间喜欢做的事情，该话题贴近学生生活，易于理解。

【学情分析】

本节课的授课对象是小学四年级的学生，他们活泼好动、思维活跃、擅长模仿，对英语有学习兴趣。他们已初步掌握一些有关生活活动的词汇和短语，能用频度副词表达经常做什么；能用英语简单表达个人的兴趣爱好。他们对学习内容能积极思考、主动参与，并具备一定的自主探究能力，能在结对活动、小组活动中进行交流。

【教学目标】

1. 语言知识

学生能理解和听、说、读以下内容：

（1）单词：free、feel、bored、interesting、cartoon、shall、king。

（2）短语：do some reading、watch cartoons、have a picnic、listen to music、e-mail my friend、take photos、Monkey King。

（3）句型：What do you do when you have free time? /I usually/often... Shall we...? / Let's...

2. 语言技能

（1）学生能理解课文对话，能按照正常的语音、语调及意群朗读对话。

（2）学生能询问对方空闲时间喜欢做的事情，并表达个人爱好。

（3）学生能用Shall we...这个的句型初步表达活动建议。

（4）学生能积极思考，拓展课文，进行小组合作创编新的对话并表演出来。

3. 情感态度

（1）学生能在学习过程中通过肢体动作获得更好的学习体验，感受TPR教学法的乐趣。

（2）学生能在表演故事的过程中获得学习英语的自信与成就感。

（3）体验丰富多彩的业余生活，培养学生热爱生活的情感。

【教学策略】

TPR教学策略、小组合作、游戏与表演等。

【教学重难点】

（1）对新授短语的理解与运用。

（2）根据课文创编新的对话并表演展示。

【教学准备】

自制课件、金太阳软件、相关的图片、歌曲视频。

【教学过程】

（一）激趣导入

（1）歌曲热身。

（2）短语转盘。

（3）自由讨论。

设计意图：①利用歌曲调动孩子们上课的气氛，歌词中出现的walking、running、jumping、hop等唤醒孩子对动词的回忆。一边跟唱一边跟着动画人物做动作，即便是基础相对薄弱的同学也能理解单词的意思，并参与到课堂教学中来。②由歌曲的动词，引入动词短语。这些呈现的活动短语都是前面Unit 4、Unit 5、Unit 6学过的内容。教师每点去一次鼠标，"手臂"就会随机指向一处短语，学生一起大声说出该短语。"手臂"代替了教师的指令，同时"随时性"增加了孩子们学习的趣味。图片的出现让音、形、义关联起来，帮助学生加强对这些动词短语的热身。③"自由讨论"这一环节重在复习动词短语。复习Unit 6句型What do you do? 利用图片引导孩子说出自己喜欢的活动，为学习新句型做好铺垫，有效建立新旧知识的关联。

（二）新知呈现

（1）请学生问教师：What do you usually do on（Monday/Tuesday /...）？

教师回答：I am often busy on week days. But I am free at the weekend.学生已经学过busy，通过busy与free形成对比，不难猜出free的意思来。

教师接着说：I can do many things when I have free time.继而引导学生追问：What do you do when you have free time?

教师回答：I usually/often ...

教师的回答中既有已经学过的短语：如：do housework、visit my friends、take exercise、see a film、go shopping、go to the park等，也有新的短语do some reading、watch cartoons、take photos、listen to music、e-mail my friend、have a picnic。当教师回答的是新的短语时，同时做出该短语的动作让学生猜，然后出现图片核查是否猜对。

（2）看图学习本课重点短语do some reading、watch cartoons、have a picnic、listen to music、e-mail my friend、take photos。

在初步的教读之后，进入"I say, You do"环节，教师随机喊口令，学生立马做出动作。经过几轮的练习，学生对短语的音和动作建立起联系，并且有了一定的语音输入。

接下来，每组选一位同学当Simon。当同学喊出Simon says do some reading时，考验一下有几位同学做出正确的动作。比比看哪一组最有默契。

最后，请同学上台做动作，同学们抢答该短语。

（3）将短语与相对应的图片进行连线。

设计意图：①What do you usually do on Sunday? I usually/often/

sometimes...这个句型已经在前面单元中学过。学生很容易从这个已知句型过渡到本节课的新句型：What do you do when you have free time? 既然框架已经建立，那么本节课的重点在于学习新的短语，把这个问题的回答拓展得更丰富些。②根据TPR教学法，在学习新知识时不必要求学生马上"会听会说"，以免造成过重的心理负担。所以，第一步，教师说短语做动作让学生猜意思。学生有了音与义的初步认知。第二步，教师说短语让学生做动作。通过肢体动作的反应强化了对短语的理解，也降低学生对新授短语的畏惧心理。第三步，学生说短语学生做动作。较优秀的学生可以充当"小老师"，其他同学有机会进一步锻炼。第四步，学生做动作学生说短语。③TPR操练气氛热烈，但几轮下来，纪律也容易松懈。这个时候，安排一道连线题，既可以将短语的形与意结合，留下更深的记忆，又可以让学生静下心来，课堂能有序进行。

（4）根据图片（四幅图片，分别展示拍照、发电邮、去购物、野餐的内容），将句子补充完整。

T：Children，please fill in the blanks with the help of the pictures. In picture 1，what do you do when you have free time?

Ss：I take photos when I have free time.

设计意图：通过前面的练习，学生已经基本掌握了短语的音、形、义。但语言的目的在于交际，只有在使用过程中，才能称之为"交流的语言"。从图1到图4，随着难度逐渐增加，学生完成从短语向句子的过渡。掌握了本节课的重点问句和答语，为接下来进入篇章做好铺垫。

（三）巩固深化

（1）观看视频，整体感知课文。通过动画引入课文，激发学生的学习兴趣。

教师问：What do Jiamin and Janet do when they have free time? Do you want to know? Now，let's watch the video.

通过观看视频，学生们找出答案：Jiamin often does some reading. And Janet usually watches cartoons.

教师问：What do they want to do next?

学生答：They want to watch the Monkey King.

（2）根据对课文的理解，完成复述，加强对文本的理解，并锻炼学生的口头表达能力。

It's _____.

Jiamin and Janet feel _____.

Jiamin often _____.

He is _____.

Janet doesn't _____.

She usually _____.

Now，they are going to _____.

（3）学生跟读课文，听音模仿文本。通过精细模仿，帮助学生形成良好的语音、语调，充分感知对话人物的情绪和情感，记忆语言的表达方式。

（4）学生分角色朗读课文，保证充足的操练。

（5）学生分小组进行表演课文对话。练习后给学生充分展示的机会，既能增强学生的成就感，又有助于教师及时获得反馈。

设计意图：课文本身并无太大难度，在前面短语和句子的学习铺垫之后，学生理解起来也不会觉得困难。通过观看视频和复述课文，加强了学生对文本知识的认知。所以这个环节的重点在于操练。先通过学生对课文的朗读，检查并纠正发音不正确的地方，再进行结对练习，让学生进入角色。"带入感"的产生源于对人物动作和语言的模仿，比如在说到I feel bored时，肢体动作、面部表情、语气语调是否充分展现出人物"无聊"的心情。全身反应教学法需要落实在每一处细节中，只有这些全部做到位，学生才会进入角色，产生真实的情境，更真切地理解语言，并将课本上的语言内化成自己的语言，取得好的学习效果。

（四）拓展提升

1. 向学生提出邀请

教学提问：Shall we...? 并引导学生回答。然后再让学生进行两人结对操练，例如：

S1：Shall we go to the park this afternoon?

S2：Great！Let's go to the Tianhe Park.

S1：Shall we watch cartoons?

S2：OK！Let's watch Tom and Jerry.

S1：Shall we listen to music?

S2：OK！Let's listen to some English songs.

2. 学生根据课文中的图片进行对话创编，并表演

例如：

S1：It's Saturday and I feel bored.

S2：Me too. What do you do when you have free time?

S1：I often play computer games.

S2：I don't like that. I usually do some reading.

S1：Shall we go to the library?

S2：Great！Let's go to the Guangzhou Library and read some interesting books.

设计意图： 从照着课本朗读，到模仿课本进行表演，再到脱离课本替换新的短语进行创编表演。在这个过程中，学生活跃了思维，实现了新授短语的学以致用，激发出更多的语言输出，并且培养自主学习能力和小组合作精神。

（五）课堂总结

（1）小组讨论并总结本课的重点单词、短语、句型。

（2）布置作业。听录音，跟读课文10分钟；抄写新单词，每个三次；根据图片填入合适的短语。

设计意图： ①只有自己能表达出来的，才是真正学到的。通过小组讨论，让学生知道自己这节课学到什么知识以及掌握程度，并能重温知识，得以强化。②课后作业是学生巩固所学知识和提高学习能力的重要途径，也是课堂教学的延伸和深化。通过作业巩固所学内容，检查学生掌握情况。

【教学反思】

语言是人类用以交流思想和感情的工具，它只有在动态时，也就是被使用时才能发挥作用。既然是交际，那就是双向或多向的活动，我们应该把语言看作是人们使用的、动态的、开放性交际工具。在这一思想的指导下，我们的课堂教学必须把学生的英语学习看作是交际能力的训练活动，而不是语言知识的灌输过程。

TPR教学法是一种在动中学、学中玩的，经过提炼、升华的交际活动。它是在真实的情境中学习，学生在这个过程中学习热情高、效果好。此外，TPR教学法符合儿童身心发展的规律，符合快乐学习的原则，它提供一个与实际生活紧密相连的学习环境，让儿童在身临其境的实际体验中学习英语。让小学生在多种多样的活动中、循环反复的练习中学会英语。

任何一堂丰富、充实的英语课，选择一种恰当的教学法都极为重要。TPR教学法无论是从小学生的生理和心理，还是实际教学内容的掌握情况，都是一种适合在英语学习初级阶段采用的教学方法。当然一种恰当的教学法还需要多种教学手段和方式的辅助和支持，如图片和实物、音乐、绘画、游戏、竞赛、表演、多媒体等辅助手段相互配合，TPR教学法才能在实际教学中发挥最大的作用，达到最佳效果。只有以TPR教学法为主、多种手段为辅，相互配合、相互融合地应用到特定的教学环节和内容中，才能将TPR教学法的真正效果发挥到最大，让学生没有负担地进行小学英语学习，并让其对英语保持浓厚的兴趣，为未来进一步提升打下坚实的基础。

【课后评析】

1. 有效地导入

有效地导入应该具有这样的特点：快速调动学生情绪，激发学习兴趣；有效建立新旧知识的关联，以旧促新。本节课的导入采用了轻松欢快的歌曲调动起学生的兴趣。孩子们随着音乐一起唱一起做着动作，复习动词。虽然是TPR教学法的简单运用，却使课堂从一开始就充满活力。"短语大转盘"游戏帮助学生回忆和梳理空余时间会从事的活动，以激活学生的已有知识，为后面充实语言内容做好准备。"自由讨论"环节重在复习动词短语，复习Unit 6句型"What do you do on（星期）？"，利用图片引导孩子说出自己喜欢的活动，为学习新句型做好铺垫。导入用时不多，但三个活动设置层次分明、简捷有效。

2. 扎实地操练

TPR的理论知识也告诉我们，儿童在学习语言时，是通过听说促进表达能力的提升。当听说获得的信息从量变达到质变时，儿童就自然能表达自己的想法了。

一般在新授阶段，学生因为不熟悉或能力不足，会产生不自信的情绪。在这个时候，强迫儿童说话或做事会引起儿童的心理压力和紧张情绪，不利于语言学习。而本节课中教师采用TPR教学法，自然地重复新授单词和短语，直到学生能自己说出为止。以短语为例，教师分别用四个步骤，层层递进深入的训练，掌握了短语的"音——义——形"，最终达成"听——做——说"循序渐进式的提升，绝大部分同学可以将听力输入转化为口语输出。表面上看，这四个步骤像是游戏，实际是教师精心设计的扎实的操练活动。毫无疑问，这些重点短语也就被轻松地攻克了。短语之后，又通过看图将句子补充完整，顺利地过渡到句子。有梯度的操练让学生在潜移默化中掌握了本课的核心句型及短语。

3. 流畅地输出

课堂输出阶段，是对当堂课学习效果的呈现和检测。有了前面夯实的基础，教师在输出阶段设计了以表演的形式配合TPR教学法，让学生以一种更自信的方式展示学习效果，可以说是水到渠成。登台表演给学生提供一个展示自己、锻炼自己的机会，让学生在肢体表演中去输出和掌握英语。这种鼓励和肯定的方式能够很好地达到语言输出的效果，不仅巩固了教学内容，而且增强了学生对英语学习的自信心，同时提升了学生在课堂上的表现欲。

4

第四章

多元智能理论，激发创新思维

　　每个孩子都是不同的个体，都有着各自的潜能，等待被挖掘。美国哈佛大学著名心理学家加德纳指出，人的智能可分成最少8个范畴，即语言、逻辑、音乐、空间、肢体运动、人际、内省及自然探索。每个学生都在不同程度上拥有多种智能，不能用智能水平高低来一概而论。作为教师的我们，应该改变思维和方法，试着把多元智能理论运用到教学中，你会发现每个孩子都有各自的精彩！

多元智能理论下的小学英语课堂

胡 杰

　　多元智能理论是由美国哈佛大学教育研究院的心理发展学家霍华德·加德纳（Howard Gardner）在1983年提出的。加德纳认为过去对智力的定义过于狭窄，未能正确反映一个人的真实能力。他认为人类的智能可以分成以下8个方面：语言智能、逻辑数学智能、音乐智能、视觉空间智能、身体运动智能、人际交往智能、个人自省智能、自然探索智能。这就解释了生活中的一些现象，为什么大部分体育特长生成绩一般，成绩好的学生却在运动方面不出众；有音乐才华的人，却在逻辑数学上一塌糊涂，数学天才却有可能五音不全。每个人都有自己的优点和缺点，在教学中，我们应以此为指导，充分实践和运用多元智能理论，创设最优的教与学方式，发展学生多元智能，让每个学生都成为成功、有效的学习者。

一、多元智能的意义

1. 多元智能理论有助于形成正确的学生观

　　学生之间都是平等的，没有真正的差生。教师眼中的差生，只是在学习某方面知识的能力较弱，而不是整体智能的缺乏。学生的差异性不应该成为教育上的负担。教师要改变以往的学生观，用赏识和发现的目光去看待学生，改变以往用一把尺子衡量学生的标准，要重新认识到每位学生都有自己的闪光点。有效的教育必须认识到智力的广泛性和多样性，充分培养和发展学生各方面的能力。

2. 多元智能理论有助于转变教师的教学观

　　多元智能的提出，让教师不再拘泥于"教师讲，学生听"的传统模式，而是利用多元智能理论来发掘资优学生，为他们提供合适的发展机会，帮助有问题的学生找到更适合他们的学习方法。因此，教学方法应该是灵活多变的，教师要因材施教。

3. 多元智能理论有助于形成正确的评价观

传统的标准化智力测验和学生成绩考查过分强调语言和数理逻辑方面的能力，只采用纸笔测试的方式，缺乏对学生理解能力、动手能力、应用能力和创造能力的客观考核。多元智能理论认为，人的智力不是单一的能力，而是由多种能力构成，因此，学校的评价指标、评价方式也应多元化，并使学校教育从纸笔测试中解放出来，注重对不同人的不同智能的培养。

二、多元智能在英语教学中的运用

1. 创设情境，开发学生的语言智能

语言智能是指有效地运用听说读写能力，表现为学生能够高效地利用语言描述事件，表达思想及与人交流。在教授某一话题时，教师要创设情境，让学生在具体的情境中开发语言智能。

例如，广州版五年级下册Unit 11 Can you tell me the way? 这篇对话中有很多方位词、地点名词及基本句型，如：turn left/right、at the first/second/third crossing、go straight ahead、opposite the school这些短语，即便是在幻灯片里看着地图讲解，孩子们也较难理解和记忆。这时，我们只需要把班上的桌椅按照地图摆放，在桌子上贴上相应的地点图片及名称，桌子间的过道变为大街及路口，孩子们便可以在真实的情境中运用turn left/right、at the first/second/third crossing、go straight ahead这些短语进行表述。而桌子上贴出的地点图片及单词也让孩子们把随时记忆融入环境中。在本课创设的情境中，教师开展了"找路"的游戏，即一个同学描述，另一个同学根据描述在各条大街穿梭，穿过几个路口，最后找到目的地。在这个游戏中，平常不爱发言的学困生显得异常兴奋，特别是男孩子，他们方向感强，在游戏中屡屡获胜，在英语学习中找到了自信。

2. 在英语教学中培养学生的逻辑数学智能

逻辑数学智能是指有效运用数字推理的智能，即学习时靠推理来进行思

考，喜欢提出问题并进行实验以寻求答案，寻找事物的规律及逻辑顺序。

例如，在学习shape（形状）的话题时，可以引导学生回答以下问题：How many triangles are there? 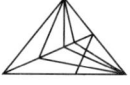 How many rectangles are there?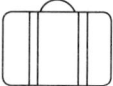

3. 合理运用教材，开发学生的空间智能

空间智能指对线条、形状、结构、色彩和空间关系的敏感以及通过平面图形和立体造型将它们表现出来的能力，即能准确地感觉视觉空间，并把所知觉到的表现出来。

例如，在学习number、shape的话题时，可以让学生利用数学教具中的小胶棒，让学生根据口令"seven squares""five triangles"等，摆出相应的图形。也可以利用七巧板摆出造型各异的房屋、桥梁等，并用英语There are... triangles的句型来描述自己拼出的造型。

4. 开设英语小剧场，发展学生的肢体运作智能及音乐智能

肢体运作智能指的是善于运用整个身体来表达想法和感觉，以及运用双手灵巧地生产或改造事物的能力。音乐智能主要是指人敏感地感知音调、旋律、节奏和音色等能力，表现为个人对音乐节奏、音调、音色和旋律的敏感以及通过作曲、演奏和歌唱等表达音乐的能力。在英语课堂中，开设英语小剧场，给不同类别的学生不同的任务，让他们自己创作并表演。

例如，在学习《It's fun to jump》这个故事后，教师设计了以下五个任务。教师根据学生的特长、成绩的优良给他们分配难易不同的任务，让学生知道英语的学习，不仅局限于故事的阅读，还可以用小诗、歌曲等多种方式进行展示。

（1）Act out the story：和所有组员用旁白的方式表演这个故事。

（2）Act out the story：和所有组员用对话的故事表演这个故事，要求用Oh, no! / Oh, my god! 等不同程度的句子给予对方不同的反应。

（3）Make a story and act：选择以下带有U字母的词编一个故事，并和所有组员一起表演这个故事：run、under、underground、umbrella（雨伞）、upstairs、ugly、uncle、thumb。

（4）Act out the little chant：熟读小诗并和所有组员一起表演。

（5）Sing a song：用所给歌词替换小组熟悉的歌曲中的歌词，和所有组员一起表演。

5. 开展小组合作，培养学生的人际关系智能及内省智能

人际关系智能是指能够有效地理解别人及与人交往能力，包括组织能力、协调能力、分析能力及人际联系。在小组合作中，每个学生有不同的职责，小组团队要善于沟通、团结一致、取长补短、互相帮助方可顺利完成任务。当任务失败时，要让学生反思在小组合作中自己做得不足的地方，以便下次能有更大的进步，从而培养学生的内省智能。

例如，在词汇学习中开展小组合作学习。首先，可把学生分成4～6人的小组，要求小组内进行讨论。然后，在规定的时间内完成下表，并要求表内所填的单词是学过的并且具有可描述性。如表1：

表1　单词分类

类别	单词
colors	red，blue...
animals	elephant，whale...
places	hospital，market...
actions	read，sleep...

当全部组都完成后，把表格在各组之间相互交换。让各组推选两个表达能力较强的同学在规定的时间内描述，其他组员根据描述或动作猜出单词。如：

red：It's the color of the sun.

blue：It's the color of the sea.

elephant：It's the biggest animal on land and it has a long nose.

blue whale：It lives in the sea. It's the largest animal in the world.

hospital：The place you will go when you feel ill.

market：You can buy a lot of things in this place.

read、sleep：学生可做出读书和睡觉的动作。

最后，由老师根据各小组的表现评出比赛的优胜方。

总之，多元智能并不主张将所有人都培养成全才，而是根据学生的不同情况来确定每个学生最适合的发展道路，让每个学生都有所学，学有所得，得有所长。

📑 参考文献

孙建华.多元智能理论及其对外语教学和评价的启示［J］.前沿，2010（2）.

运用多元智能理论提升口语交际能力
应"三轮齐转"

滕　芳

　　英语口语能力的提高并非仅仅通过阅读就能获得，但阅读作为一种语言输入手段是必不可少的。阅读是获取和吸收书面信息，从而实现书面交际的手段。教师应充分结合阅读活动，运用灵活的教学手段，尽可能地创造英语学习氛围，给学生提供接触语言和使用语言的机会，促进学生口语交际水平的不断提高。《英语课程标准》（2011年版）强调义务教育阶段英语课程的目的之一就是，使学生掌握一定的语言基本知识和基本技能，建立初步的语感，获得初步运用英语的能力，为真实交际打下基础。《新课程标准》特别强调突出语言的实践性特征，目的就是培养学生综合运用英语的能力。

　　许国璋先生说过："阅读首先是吸收知识，在吸收知识的过程中自然而然地就吸收了语言。"大量阅读，广泛而深入地接触英语语言的实际，创造充分、足够的、丰富的虚拟语言环境，将自己置身其中，不断地接受真实语言材料的刺激，丰富自己的语言知识，积累各种语言信息，与人交谈时才可能会信手拈来，应答自如。而长期以来，在小学英语课堂教学中，交际能力的培养方式比较单一，学生对自己的英语交际能力持否定态度，表现出极大的不自信，如不知道说什么；怕说错；很想表达，但是词汇量不够；了解一定量的句型，但在交流时需要费时去思考如何正确使用句型；表述过于书面化等等。针对这一现状，笔者对提高学生交际能力的课堂方式进行了创新尝试，主要采取以下方式：

一、运用多元智能理论创设有利于学生展示不同才能的口语交际情境

多元智能理论给口语交际课程设计的特点是：口语交际内容要进一步面向学生，面向生活，进一步个性化。语言的交际必须在一定的语言环境中进行。小学生好奇心重，采用多媒体等教学手段创设交际情境，能培养学生运用英语的兴趣。在课堂教学中使用录音机、幻灯片、多媒体等，不但能引起学生的兴趣，还为他们提供了贴近生活的语言情景，使他们通过视听就能达到理解语言内容的目的。

如在学习广州教科版第三册Unit 8 I like English best一课时，将课文中出现的提问者设计为一个校报记者，然后以采访同学们对学校学科设置的爱好为主题，老师将小记者进行年级各班采访的情景拍摄下来，然后在上课的时候播放出来，全班同学以视频中出现的采访记录作为视听说材料进行交际练习。整个课文的对话内容被改编为采访记录，通过提问与回答的方式，帮助学生找到可以进行交际的文本。在对课文的理解过程中，学生能借助文中的词意和对比情况进行口语交际，能联系自己的学习环境与他人展开讨论，进而综合运用所学词汇和句型。

二、运用多元智能理论提升学生言语思维和言语表达

基于阅读材料，给学生提供语言表达的素材，激发学生用英语思维，用英语大胆表达。在阅读教学中，学生与作者的第一次交流应在课前预习中完成。在初次与作者的交流中，学生肯定有许多疑问，在课堂上，把学生分成小组，每组学生提出阅读中的疑问，由其他组的同学尝试给出答案。在一问一答中，学生积极思考，逐渐对文章语义和主题有了更深层次的交流。问答环节结束，要求学生用英语复述所读文章的内容，对于故事情节强的文章可以在学生间进行故事接龙。在这个过程中，教师给予适当的引导，鼓励学生用英语大胆表达，并适时使用有趣的语言或动作来加深学生对文章大意的理解，帮助学生提升言语思维和言语表达能力。

三、运用多元智能理论加强合作学习，有效地激发学生的交际潜力

多元智能理论强调团体合作，同伴协助，在彼此互动的情境中学习，促进学生交际智能的发展。精心设计的课堂活动可以营造课堂听说氛围，活跃课堂气氛，调动学生积极参与小组活动，激发学生多项潜力，是提高口语交际能力的有效手段。因此，教师要在学生充分理解阅读文章的基础上，设计与之相关的多元化活动，让学生能够合作完成学习任务。

1. 你写我说

教师根据阅读内容设计出阅读任务卡，每组学生根据任务卡进行"你写我说"，如设计回答问题、填空等，学生在完成填写任务卡的内容后，根据所写内容说一说，以合作互助的方式谈谈想法和意见。这个过程可以帮助学生克服恐慌心理，也为接下来的交流活动做好准备。

2. 提问与回答

以阅读内容作为文本依托，每组选出英语表达能力强的学生作为记者进行现场任意提问，而其他学生则作为"答记者问"的"官员"，给出正确的回答，并可以根据问题进行延伸演绎，任意地谈谈自己的想法。这样有助于减少学生紧张情绪和心理压力，特别是平时羞于表达的学生，因为并非老师提问，他们无须害怕因说错而受到嘲笑，可以在轻松的环境中最大限度地发挥自己的语言潜能。

3. 小组合作讨论

小组讨论的过程就是引导学生积极参与交际活动，鼓励学生大胆开口说的过程。在分组时，不限于座位的安排，每组人数控制在4~6人，强弱搭配、外向与内向搭配，尽量将志趣相投、平时谈得来的同学分在一组，便于他们自由交流，并指定一名同学做好讨论的笔记，选成绩好的同学任组长，负责该组的讨论学习。

而教师设计交际活动时，要让学生在活动中有事可做、有话可说，并让每一个人感到我可以做、我会做，而且乐于主动参与到活动中。同时，教师要注意面向全体学生，把握好活动的难易程度，让每个人都参与进来。

总之，随着世界经济的全球化发展，国际交流与合作的日益频繁，现代社

会对就业者外语交际能力提出了更高的要求，而口语表达的流利与自如无疑是交际能力高低的重要体现之一。多元智能理论强调尊重个性特征，提倡用优势智能学习的基本理论与《英语课程标准》倡导的关注学生的个体差异、因材施教的教学理念相符。教师应充分利用有限的课堂时间，运用灵活的教学手段，尽可能地运用多元智能理论，给学生提供接触语言和使用语言的机会，循序渐进，有计划、有系统地组织课堂教学，促进学生口语交际水平的不断提高。

参考文献

［1］董国英.培养英语交际策略意识，提高英语交际能力［J］.科教文汇（上旬刊），2007（08S）：43–43.

［2］刘润清.西方语言学流派［M］.北京：外语教学与研究出版社，1995.

［3］（英）Brown. Gillian，George Yule. 话语分析［M］.北京：外语教学与研究出版社，2000.

［4］中华人民共和国教育部. 义务教育英语课程标准［M］.北京：北京师范大学出版社，2011.

在多元智能理论指导下解决小学英语听力教学中存在的问题

滕 芳

随着听力教学成为小学英语教学整体中的重要组成部分，如何在常规教学中，培养学生良好的听力习惯并形成技能，提高学生的听力水平，是大家目前必须解决的一大难题。但是，在常规教学中大家更加注重说、读、写三项基本技能的训练，而对于学生的听力技巧与能力的培养却没有给予充分而实质性的重视。到了毕业的年级，师生都把听力训练作为一项紧要任务来抓，虽然也采取了一些针对性的措施，收效却不太明显。

目前，听力教学存在的问题有：①学生有心理障碍；②学生语感不强；③学生听力习惯不好；④平时听力课的活动设计不够合理；⑤课外听力材料少；⑥缺乏技巧与方法。

多元智能理论认为每个人都具备八项智能，每个人都有自己独特的优势智能和弱势智能。大多数人都可以将智能发展到一定水平。如果每个人能用自己擅长的智能或智能组合来学习课程，就会取得理想的成绩。为此，小学英语听力技巧与能力的提高更应该注重平时的训练，将不同的听力方法渗透在常规教学中。笔者在教学实践中将小学英语教学中的"听"分为：鼓励式"听"、浸入式"听"、整理式"听"、体味式"听"、扩展式"听"和辅助式"听"六种，使听力教学更加有效而具有实质性的意义。

一、鼓励式"听"

鼓励式的"听"要求老师在平时的听力训练中多鼓励、多表扬，对于学生所取得的任何细小的进步，及时给予表扬，增强学生对听力训练的信心。学生在听力训练中常常出现不同的心理障碍，对非母语的语言听力学习存有害怕心理。针对这种情况，老师要引导学生做好应试前的心理准备，克服焦虑的情绪，保持平稳的心态。例如，让学生在听录音材料之前，先给学生一分钟浏览所有的听力题，把握题型，做到心中有底，这样有助于减轻焦虑。同时，要鼓励学生相信自己的能力，要有耐心，在听的过程中把注意力放在对文章整体内容的理解上，不要因为个别词汇或句子不理解而停下来。因此，教师要弄清楚各种心理制约因素产生的原因，找到相应的解决方法，进行适量的听力训练，培养学生临场不乱的心理素质。

二、浸入式"听"

浸入式的"听"要求将常规课堂尽量英语化，让学生能够在真实的课堂语言氛围中培养良好的语感，对英语听力形成一种习惯。因此，在常规教学中，教师应尽量用英语组织教学，这是培养学生正确语音语调最重要的方法，也是有效的听力训练方法。因此，教师应根据教学内容创设不同的语言情景进行听说交际活动，并通过反复练习，提高学生的听力能力，从而在长期的英语"浸泡"之中，潜移默化地提高学生的听力水平，也提高学生的说、读、写的基本技能。

三、整理式"听"

整理式"听"，即整体、清理式的"听"。对每一篇听力材料（课文或短文），让学生学会自己抓住最简单而直接的信息，把它们罗列并快速地记录下来，这样的活动也能训练学生的短时记忆能力。同时，鼓励学生通过猜测和小组讨论等方式扫清听力障碍。比如，猜测听力材料大概会涉及什么内容、会提出什么样的问题。

在听力训练之前，老师介绍一下材料的背景知识，特别是针对听力能力较弱的学生，帮助他们了解更多的背景知识，解释关键词，呈现与听力内容有关的句型，提醒学生注意细节，根据材料的内容设置提示性的问题。通过这些活动引导学生抓住听力重点，帮助他们把握文章的整体内容，弄懂大意，为更好地理解文章内容做好铺垫。

下面来看一段听力材料（课文）——对《Robin Hood》的语言寻找式的

6

第六章

运用思维导图，绽放思维之花

　　曾经从一本书中读到过这样一个故事，思维导图的创始人托尼·博赞（Tony Buzan）在研究大脑的力量和潜能过程中，发现伟大的艺术家达·芬奇在他的笔记中使用了许多图画、代号和连线。他突然意识到，这正是达·芬奇拥有超级头脑的原因所在，是真正的达·芬奇密码。在此基础之上，博赞发明了思维导图这一风靡世界的思维工具。那么，什么是思维导图呢？如何在英语课堂教学中绽放思维之花呢？这就是本章所要探讨的内容。

活用思维导图，优化小学英语读写教学

李 薇

在英国爱丁堡参加TKT培训的时候，我们去参观了St. George 学校。这是当地的一所非常出名的私立学校，到处都张贴着精致的学生作品，就像一座瑰丽的艺术殿堂。突然间，一面会说话的墙吸引了我的注意。远看，一幅幅五彩斑斓的美丽图画跃然墙上；近瞧，我才发现原来是七八岁的孩子运用思维导图做的自我介绍。自画像Me站在中间，从中心衍生出许多分叉，有birthday、family、hobby、favourite colour等。在思维导图的故乡，我被这些稚嫩而生动的学生作品所触动，开始重新思考思维导图对我们小学英语教学的巨大影响。那么，究竟什么是思维导图呢？

一、关于思维导图

思维导图，也称"脑图"，是由英国心理学家托尼·博赞（Tony Buzan）在20世纪60年代发明的一种表达发射性思维的图形思维工具。博赞给"思维导图"下了定义："这是一种新的思维模式。它结合了全脑的概念，包括左脑的逻辑、顺序、条例、文字、数字，以及右脑的图像、想象、颜色、空间、整体等。"思维导图的核心内容是图形与联想，而核心思想就是把形象思维与抽象思维很好地结合起来，让你的左右脑同时运作。思维导图运用"图文并重"的技巧，把各级主题的关系用相互隶属与相关的层级图表现出来，把主题关键词与图像、颜色等联结起来。

托尼·博赞博士认为，思维导图充分运用左右脑的机能，利用记忆、阅读、思维的规律，协助人们在科学与艺术、逻辑与想象之间平衡发展，从而开启人类大脑的无限潜能。思维导图不仅能让人清楚快速地注意到所要强调的重点，而且更会让我们用一种联想的方式来更加清晰、更加有效地进行思考。它通过使用线条、色彩、箭头、分支以及其他方式来更好地绘制自己的脑图，可以帮助我们整理并且组建复杂的想法和过程，从而提高理解能力，把思维更高效地转化为实际的想法和行动。

画思维导图，一般需要以下几个步骤：①在一张白纸上画一个圆形，把主题词写在中心。②从中心点引出分支，把相关的论点写出来。③有不同类别的信息时，再生出新的分支，让分支自然弯曲而不是像一条直线。④将信息写在线上并不断延续，让思维活动流畅起来。

思维导图作为一种有效提高注意水平和记忆能力的思维工具，势必会对外语教学产生深远影响。如何在小学英语教学中运用思维导图提升课堂教学的有效性呢？下面，我就以广州版《Success With English》六年级下册Unit 7 Dr. Sun Yatsen为例，谈谈我的一些具体做法和实践。

二、思维导图在小学英语课堂实践中的应用

《英语新课程标准》要求小学五、六年级的英语教学在进一步加强学生听说能力的同时，发展初步的读写能力，小学六年级毕业生能借助图片读懂简单的故事或小短文，养成按意群阅读的习惯，能根据图片、词语或例句的提示，写出简短的语句，对小学生读写能力的培养提出了新的要求。由于小学生接触英语时间短，词汇量少，理解力有限，自主学习能力相对薄弱，小学英语读写教学一直处于起步阶段。另外，小学英语读写课堂大多形式单一，活动缺乏趣味性，对于学生的兴趣保持和素质培养不利。有了思维导图这种高效的思维工具，我开始思考如何运用思维导图引导学生理解、记忆语篇，培养学生的自主阅读能力，训练学生的写作能力，最终达到提升其语言综合运用能力的目标。课文Unit 7 Dr. Sun Yatsen以Janet、Jiamin和Xiaoling围绕历史名人孙中山先生的生平和伟迹所展开的谈话为授课内容，主要语言点是动词的过去式。

因为课文题材是历史人物，内容较为陌生，语言较为生僻，时态又是过去时，对于六年级的孩子而言无疑是一个不小的挑战。为了帮助学生理解、记忆课文，我制作了思维导图课件进行授课，帮助学生梳理语篇，对文本进行再加工。

1. 把握主旨，画粗略图
本步骤是在整体阅读语篇的基础上进行的，是对课文内容的初步感知和

梳理，主要任务是帮助学生厘清文章脉络，培养学生把握文章主旨和结构的能力。主要解决的问题是：文章的主题是什么？主要谈到了人物的哪些方面？

本文主要围绕Dr. Sun Yatsen谈三个问题：1. Who's he? 2. Where was he born? 3. What did he do? 通过图1的思维导图，我引导学生归纳出本文的主旨和大意（见图1）：

图1 Unit 7 Dr. Sun Yatsen的主旨和大意

2. 关注细节，画精细图

在明确了文章主旨和大意的基础上，我们要更加细致地解读文本，精细地把握每一个语言点。这个步骤我主要通过mindmap演示，逐个展开细节，训练学生对语言的观察力、概括力和理解力，帮助学生在解读语篇细节的同时感知语言知识与规律。我引导学生将课文的主要语言点用思维导图概括，如图2所示：

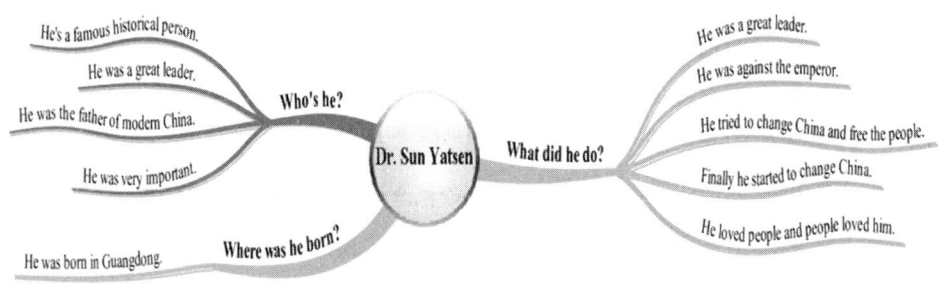

图2 Unit 7 Dr. Sun Yatsen主要语言点思维导图

3. 理解脑图，复述课文

提高注意、帮助记忆是思维导图的优势之一，通过记忆课文，学生才能内化新学的语言知识。在学生理解了课文的基础上，我将思维导图转变为key words和chart的形式，引导学生总结语言规律，联想记忆课文，并请学生根据思维导图复述课文，整体提升语言学习的效果。这一次，我的思维导图如图3所示。

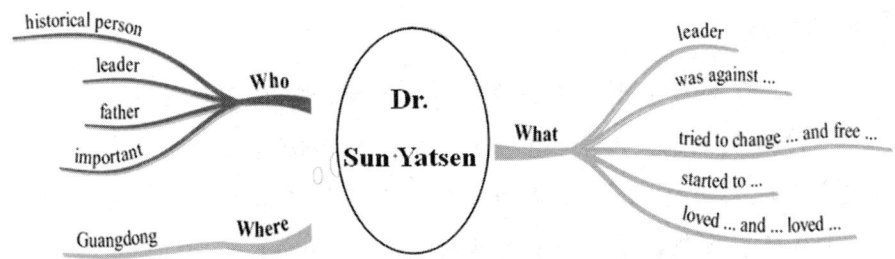

图3　key words和chart的思维导图

4. 依据脑图，重构语篇

听、说、读、写是英语学习的四个核心环节，其中，听、读是输入（input）环节，说、写是输出（output）环节。学生学习效果的好与坏，最终要看他们的语言输出能力。在日常英语教学中，我们应该坚持读写不分家。本课写的是历史名人Sun Yatsen，就让学生趁热打铁，按照以下这张"脑图"的提示，自己动手写一写熟悉的历史名人吧！（见图4）

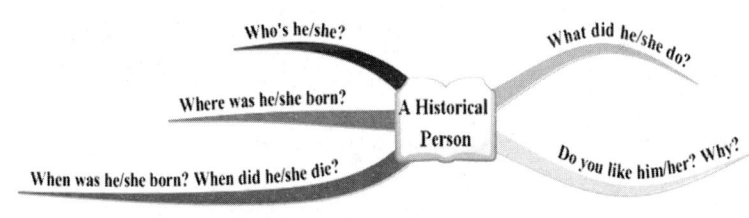

图4　脑图的提示

让我以托尼·博赞博士《提高语言智能的10种方法——思维导图丛书》中的经典语句作为本文的结尾："语言智能高的人不做单调的、易忘的流水账似的笔记，而是用思维导图记录他或者她正在阅读的资料，画一张词语和形象互相关联的图，它反映了已读过的资料的内容，以及读者对内容的不断加深的认识。由于思维导图具有集图画、语言及其相互关联于一身的特性，它已成为记忆的最佳工具。"就让我们在小学英语课堂中充分利用思维导图这一记忆的最佳工具，帮助学生把握主旨、厘清脉络，培养学生的阅读兴趣和写作能力，让读写更有趣、课堂更高效。

参考文献

[1]（英）东尼·博赞.思维导图大脑使用说明书［M］.张鼎昆，徐克茹，译.北京：外语教学与研究出版社，2005.

[2]（英）东尼·博赞.提高语言智能的10种方法——思维导图丛书［M］.张霞，译.北京：外语教学与研究出版社，2005.

[3]中华人民共和国教育部.普通高中英语课程标准（实验）［Z］.北京：人民教育出版社，2003.

谈思维导图在小学英语词汇教学中的应用

刘寒芳

思维导图是基于放射性思维的有效图形思维工具，它能够直观展现人类大脑的放射性思维过程。词汇是小学英语教学的起点与基础，将思维导图应用于词汇教学中，能发挥其趣味性、灵活性、直观性与关联性的作用，既符合新课程理念要求的知识、能力、情感态度价值观三维教学目标"知识——能力——情意"，又体现素质教育要求的自主学习、合作学习、探究性学习三种学习方式或教学策略"互动——主动——能动"。

一、思维导图的基本理论概述

思维导图（mind map）是一种终极的思维工具，由英国心理学家"记忆之父"Tony Buzan创建，并在全球得到广泛推广，已成为21世纪风靡全球的思维工具，到目前已被世界上2.5亿人所使用。

思维导图是基于放射性思维的有效的图形工具，通过一幅幅形象的图直观呈现人类大脑的放射性思维过程，使人类大脑的思维可视化。思维导图在直观呈现大脑思维过程的同时，又运用图文并重的技巧，挖掘了负责可视、综合、几何、绘画的右脑的潜在机能，运用线条、符号、词汇和图像，把一长串枯燥的信息变成彩色的、容易记忆的、有高度组织性的图，将各级主题的关系用相互隶属的层级图表现出来，在主题关键词与图像、颜色等之间建立记忆联结，充分运用左右脑的机能，利用记忆、阅读、思维的规律，实现左右脑的协调发展，帮助人们改善思维，提高学习效率，协调人们在科学与艺术、逻辑与想象之间的平衡发展。

二、思维导图在小学英语教学中的应用基础

小学英语课堂教学应体现趣味性、有效性和实用性。趣味性、有效性和实用性，构成了一个稳定的三角形，使得教师开展课堂教学更有意义。有效性是指教师的教学方式能促使学生较好地达到了教学目标，在整个过程中是事半功倍。趣味性是指学生具有有意义学习的兴趣。它需要教师在课堂教学中能够激发学生的学习兴趣，在平时注意培养学生的学习动机。实用性是指学习的材料使学生感到有价值。它需要教师在课堂教学中使学生感受到所学知识能够帮助解决生活中的实际问题。而思维导图恰恰就是个有力的工具，学生在制作思维导图的过程中，积极地对关键字进行加工、分析和整理，使学习内容符合自己的认知规律，并能和老师进行积极对话和互动。用思维导图做笔记的方式也有利于开发学生的空间智能，在逻辑思维和创造性思维提高的同时，能增加教学的趣味性和有效性。

三、思维导图在小学英语词汇教学中的应用

词汇教学是小学英语教学必不可少的一个重要环节，由于小学生年龄小，一般还没有形成适合自己的学习方法和有效的记忆模式。在记忆单词时要么是死记硬背，当时记住了，但很快就遗忘了；要么是孤立的，单一的记忆。小学英语词汇难教的症结其实就是，遗忘率高，记住了今天的，忘记了昨天的。要改善这种情况，思维导图可谓对症下药。思维导图注重开发人的左、右脑，运用线条、符号、词汇和图像，把一长串枯燥的信息变成彩色的、容易记忆的、有高度组织性的图，它绘制起来非常简单，而且对小学生来说十分有吸引力，并且它可以帮助改善思维，提高记忆力和课堂效率。

以下是我在教学中使用思维导图的一些例子。比如在教动物的时候，首先我引导孩子们：cow、frog、tiger这些都属于animal，那么我们学过的或者你知道的animal有哪些呢？于是大家争先恐后地列举出来，包括以前学过的，课外了解的动物名称。于是我根据孩子们的回答绘制出思维导图。

接下来，我又提出问题，那么这些动物哪些是可数哪些是不可数，孩子们也纷纷积极思考。于是我又抛出问题：单复数同形的有哪些呢？可数的复数变化又分为规则和不规则，这些大家能找出来吗？于是，我给孩子们制定任务，

让他们自己绘制思维导图，并且，要在思维导图中把我刚才这些问题的答案也显示出来。几分钟后看孩子们绘制的思维导图，有的用不同颜色来区分可数和不可数，有的用不同形状的外框来区分，还有的用大框框分类，还在旁边做了标注。接下来，我就水到渠成地导入这课的重点句型：

What animals do you like?

What is it ?

It's a /an ...

Do you like ...?

I like ... /I don't like ...

这些色彩丰富、形状多变的图画，其色彩与图形的多变性无形中就吸引小学生的注意力。图文并茂的思维导图让孩子们的注意力十分集中并且积极踊跃地操练句型。

因为是孩子们自己绘制的思维导图，印象自然十分深刻，并且思路也是清晰的，不但对动物类单词来了个新知和旧识的大汇合，对相关句型的掌握也是水到渠成的。孩子们还充分表现了良好的艺术素养，给动物配上简笔画、涂上颜色等等。下课之前我给孩子们布置了家庭作业，要求每个孩子再制作一幅关于动物的思维导图，并且根据思维导图的思路写一篇小短文或者一段对话。对于三年级的孩子来说写作还是有些难度的，但是这次作业的效果却超出了预期的估计。孩子们自由发挥自己的思路，不仅思维导图思路清晰，根据思维导图编写的短文和对话也非常出色。原来孩子们在思维导图的过程中始终紧紧围绕中心主题，在这条隐性主线的引导下发挥联想，使大脑整个的思维过程变得更形象。学生在色彩与图形的刺激下，会把枯燥乏味的英语词汇学习转变成生动有趣的绘画过程。思维导图的制作不仅吸引了学生的注意力，还有效地激发和保持了他们对英语学习的兴趣。

在这里思维导图就很好地呈现了小学英语词汇教学要求具有的趣味性、灵活性、直观性和关联性特点。

从这以后，我常常把思维导图的制作带到词汇教学中，引导孩子们利用思维导图记忆单词。把词汇归类，比如学到一篇关于购物的课文，里面提到各式各样的衣服，一个个单独记忆很容易忘记，于是我借助思维导图，先列出课文中各种衣物的名称和图片。然后引导孩子们：请同学们看看这些漂亮的服装，哪些是我们今天穿的，哪些是爸爸妈妈穿的？于是孩子们又兴致勃勃地开始用思维导图来描绘自己的思路了。有按照季节给衣服分类的（如图1所示）：

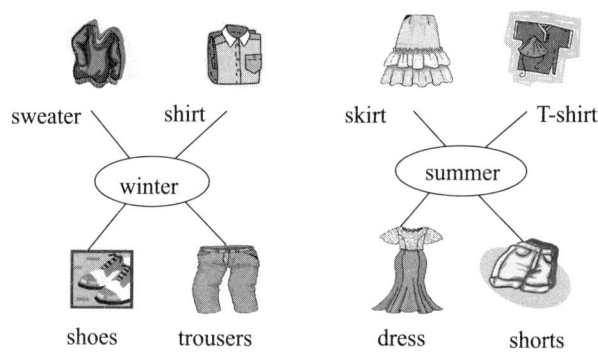

图1　用思维导图给衣服分类（季节）

也有按照爸爸妈妈（男女性别）给衣物分类的（如图2所示）：

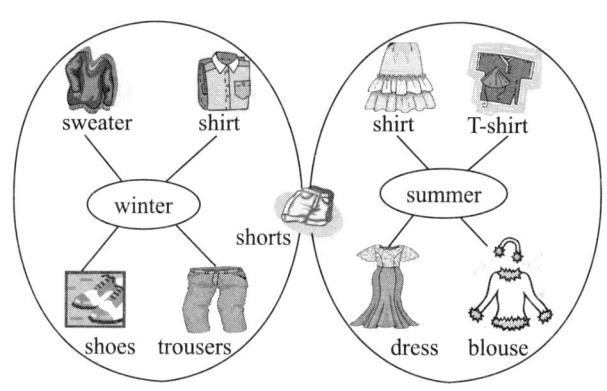

图2　用思维导图给衣服分类（性别）

这样，一下子孩子们的思维被有效地发散，利用思维导图把和服装相关的单词整理到一起。从整体服装到局部每个分支，每种衣服的英语名称在图片的帮助下，一下子容易了很多。而且孩子们在绘制思维导图的过程中有效地展开想象和联想，头脑风暴，从一个中心想到很多和中心有关的内容，这样接下来导出课文就自然且容易得多了。

因为有视觉刺激、多重色彩、多维度的思维导图，而不是单调、枯燥的单个单词，更加符合大脑的运作模式。大脑不断地利用其所有的皮层技巧，使学生的思维越来越清醒，越来越愿意接受新事物，学生的单词量也越来越大，单词也记得越来越牢固了。

应用思维导图不仅有助于帮助学生理解记忆单词，也有助于调动学生的学习热情，保持注意力。同时，它能有效克服由于英汉两种语言在表达上、思维方式上的差异所带来的学习障碍，让小学生建立词汇在音、形、义之间的直接联系，增强对英语的感性认识，逐步养成用英语表达思想的习惯。

四、结语

思维导图的优势在于其能够清晰地体现一个问题的多个层面，以及每一个层面的不同表达形式，以丰富多彩的表达方式，体现了线性、面型、立体各元素之间的关系，重点突出，内容全面，有特色。在课堂教学中运用思维导图可进行教学模式前提诊测、目标认定、达标教学、练习反馈和纠正教学，它是达成教学目标的一个有力工具。

思维导图将会被越来越多地带入课堂和生活，我们会发现运用思维导图带给我们的学习能力和清晰的思维方式会大大提高英语学习效率，更快地学习新知识与复习旧知识，并且激发大脑的联想与创意，将各种零散的智慧、资源等融合成一个系统，让课堂的教学目标更鲜明、师生的学习更直观有效。

📇 **参考文献**

［1］（英）托尼·巴赞.思维导图——放射性思维（第二版）［M］.李斯，译.北京：世界图书出版社，2004.

［2］欧阳苹果，陈清.思维导图在小学英语教学中的作用［J］.湖南第一师范学报，2008（3）：18-19.

［3］王定铜.谈谈目标教学与六要素教学方式的关系［M］.广州：华南师范大学出版社，2011.

谈思维导图在小学英语语篇教学中的应用

吴梅英

思维导图（mind map）是由托尼·巴赞（Tony Buzan）于20世纪60年代提出的。他在《思维导图——放射性思维》一书中对思维导图是这样定义的："思维导图是放射性思维的表达方式，因此也是人类思维的自然功能。它是一种非常有用的图形技术，是打开大脑潜能的万用钥匙。思维导图可以用于生活的各个方面，其改进后的学习能力和清晰的思维方式会改善人的行为表现。"形象地说，思维导图就是围绕一个中心主题，从中央主干向四周放射关联的分支，并用关键词或图形对分支进行标识，再充分利用色彩和字体的变化将思维的过程和结果可视化。这一思维工具虽然看起来非常简单，但是作为一种学习策略，是符合人类大脑思维方式的，是一种使大脑的思维过程可视化的工具。思维导图的核心就是把形象思维与抽象思维很好地结合起来，将你的思维痕迹用图画和线条形成发散性的结构。

一、整理思维，解读课文

广州版小学英语教材内容基本以语篇阅读为主，阅读材料的内容覆盖面广，涉及节日、出行计划、人物传记、著名城市等。有些单元对话篇幅较长，学生对对话结构的分析及内容的理解存在困难；有的阅读材料由于缺少有趣的故事情节和图片，很难激发学生的阅读兴趣。有些学生虽然对阅读材料的话题很感兴趣，但因语言能力不足，在朗读、复述课文内容时存在困难。

《Success With English》六年级下册的Unit 7 Dr. Sun Yatsen这篇对话单词比较多，比较难理解。老师要一步一步引导学生：①Who are Jiamin and Janet talking about? ②When was he born? ③Where was he born? ④Why was he so important? ⑤What did he do for China? 老师用思维导图一一呈现，将中心词、

句呈现出来，帮助学生理解对话、复述对话。如图1所示：

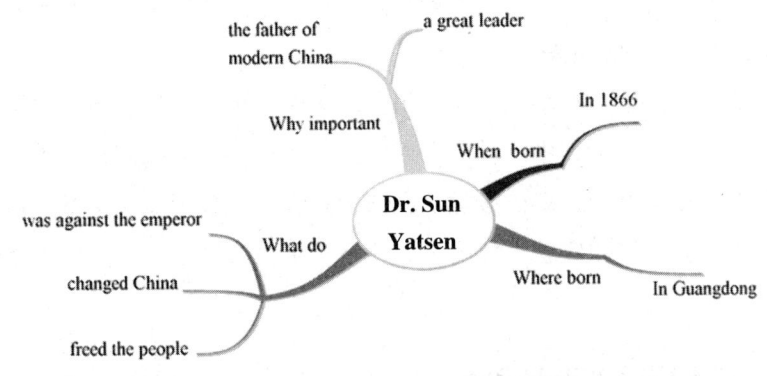

图1　Dr. Sun Yatsen思维导图

看着思维导图，大部分学生能复述对话，达到了学习的目的。

二、自主思维，制作导图

在篇幅适中、生词少、文章结构和层次清晰的课文阅读教学中，学习的过程主要以学生独立阅读为主。为了帮助学生顺利、准确地理解课文，并绘制出思维导图，教师应在课堂中适当的时候出示思维导图例图。例如，在学习广州版小学英语六年级上册Unit 13 What Did You Do Yesterday？这一课时，本课的主题是yesterday，对话中的人物比较多，学生听一遍很难找出每个人昨天做了什么，所以我先让学生听第一遍课文录音，找出课文中有谁。课文中都是学生比较熟悉的人物，学生不难找出。

然后听第二遍课文录音，找出每个人昨天做了什么，老师提问：What did Janet/Jiamin/Sally/Ben/Xiaoling/Yongxian/Miss White do yesterday？学生回答问题，老师板书黑板，如图2所示：

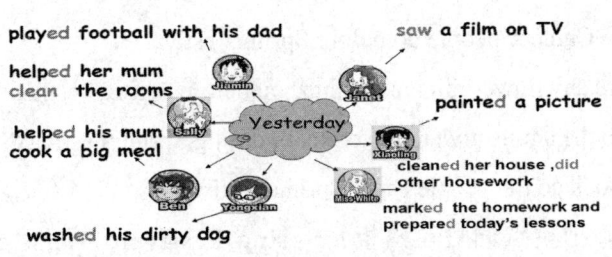

图2　Yesterday课文中人物做的事情

第三步是加大难度，让学生看图复述课文，可以复述全文，也可以挑选几个人复述。看着思维导图，学生都能复述一或两个人物的活动，基础好的学生能复述全篇对话，效果很好。

最后的环节是学生在小组中讨论组员昨天做了什么，然后用思维导图的形式展示出来。在这个活动中，教师可以帮助学生加深理解，调整思维导图框架和结构，并完成主要知识点的教学。在活动过程中，教师巡视课堂，指导学生制作思维导图。小组完成思维导图后，先在小组中谈论一次，然后再由组员复述出来。

三、创新思维，提升效率

广州版小学英语六年级上册第六单元是以节日为主题的，该单元对话篇幅较长，学生对对话的理解存在困难。有的教师在教学时习惯于将课文内容从词到句逐一解析，讲解细致入微，唯独缺少让学生思考和运用语言的机会。长此以往，学生渐渐形成学习的惰性，期待着教师将学习内容"嚼碎"了之后自己再"吞咽"下去。课堂气氛沉闷，学生学习积极性不高，教学效率较低。

例如，在上 Unit 17 It's the Spring Festival Soon 一课时，春节学生虽然很熟悉，但是要用英语表达出来有一定的难度，我觉得利用思维导图来讲授可以降低学习对话的难度。下面是我在这节课的做法：

（1）教师利用 PPT 课件呈现与春节相关的图片，激活学生头脑中相关的背景知识和生活经验。

（2）叫学生谈谈自己去年春节做过的事情，可以是老师提问，也可以学生自由说。

（3）学生带着问题看金太阳对话。

a. Is Spring Festival the most important festival in China?

b. What do Chinese people do before Spring Festival?

c. Are there any flower fairs in Guangzhou before Spring Festival?

d. What do the adults give to the children during Spring Festival?

e. What foods do the people eat at Spring Festival?

（4）老师把重点词写在黑板：Spring Festival, What do（before, during），What foods 这些词就构成了本课思维导图的中心主题。教师通过实物呈现、问题引导等方式来帮助学生理解对话内容，结合学生的回答来完成本课的思维导图。如图3所示：

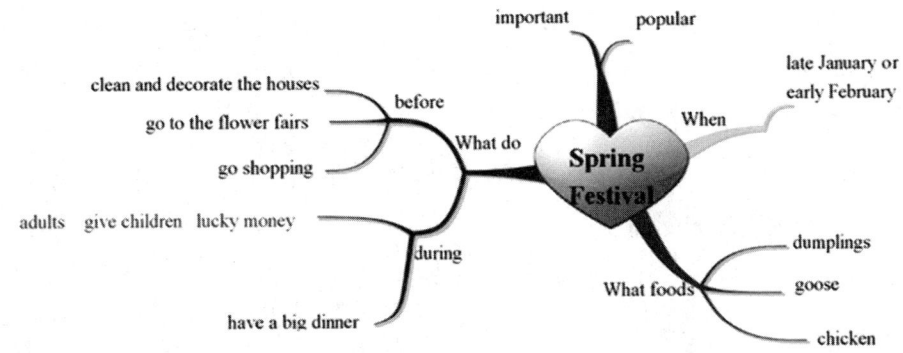

图3　结合学生的回答的思维导图

由于对话篇幅长，要学生理解并复述出来很难，但是看着上面整理出来的思维导图，学生理解起来就简单多了。学生根据思维导图的引导复述对话，多数学生看着思维导图能条理清晰地复述课文。

四、结束语

在小学英语语篇教学中使用思维导图可以激发学生的学习兴趣，对提高学生的理解能力，概括、分析和整理能力以及记忆和复述能力都有显著作用，在发展学生思维的同时切实提高了课堂效率。

我在进行思维导图的辅助教学中也遇到过许多困难，但我会坚持实践和研究，不断改进教学中使用思维导图的方法，我相信思维导图在小学英语语篇教学中将收效显著。

参考文献

［1］陈敏.思维导图及其在英语教学中的应用［J］.外语电化教学，2005（1）：36–41.

［2］（英）托尼·巴赞.思维导图——放射性思维［M］.李斯，译.北京：作家出版社，1998.

［3］欧阳苹果，陈清.思维导图在小学英语教学中的作用［J］.湖南第一师范学报，2008，8（3）：17-19.

［4］（英）托尼·巴赞.提高语言智能的10种方法（思维导图丛书）［M］.张霞，译.北京：外语教学与研究出版社，2005.

［5］齐伟.概念图/思维导图在教学中的应用实例［J］.教育技术导刊，2005（8）.

［6］邵灵玲.概念图在小学英语语篇教学中的运用［J］.中小学英语教学与研究，2009（10）.

思维导图在小学英语写作教学中的实践应用

——广州版五年级下册 "Unit 1 What's your favourite season" 教学设计

丘金文

思维是语用的内核，对学生的认知感悟有着一定的推动作用。

在英语写作教学中运用思维导图，能在发现学生认知感悟不同思维的基础上便于他们及时调整学习策略，在深入运用中获得不一样的体验。

在小学英语教师组织开展高年级写作教学活动过程中，教师引导学生设计思维导图并基于思维导图的指导对写作思路进行明确，能够促使学生对写作形成形象化的认识，促进整体教学质量的提升，对学生综合素养也有着积极的影响。

首先，思维导图教学模式的应用可以增强教学主动性，进而使学生的写作兴趣可以得到充分的激发，并且结合不同的思维导图应用，能够增强教学活动的生动性和形象性，在引导学生思路的基础上，实现对学生学习兴趣的激发，可以突破现有教学模式的束缚，促进教学效果的提升。

其次，教师可以在思维导图制作中进行重难点知识的讲解，促进学生学习能力的提升。小学阶段的英语教学实践中，教师将写作教学方面的重难点知识在思维导图上重点标注出来，能够辅助学生对知识架构的把握和对不同重难点知识的认识和理解，对加深学生对英语知识的理解起到一定的支持作用。

最后，教师可以按照不同层次学生的需求开展教学活动，兼顾不同学生的差异，为学生创新思维能力的培养创造条件。在构建写作思维导图的过程中，教师可以尝试将一个句子或者一个单词作为中心，分散不同的思维线索，可以锻炼不同层次的学生的学习思维，也能提高学生对知识的掌握效果，也能培养学生创新思维能力。

接下来，我将以广州版五年级下册Unit 1What's your favourite season？为例，开展思维导图写作教学课堂实践。

【教学内容】

本节课的教学内容是广州教科版小学英语五年级下册Unit1 What's your favorite season的第四课时My favorite season的写作。教师根据学情和教学需要，用思维导图的方式打开学生思路，启迪学生思维。

【学情分析】

本节课的授课对象是小学五年级学生。他们已经有五年的英语学习经历，英语基础较好，并且从四年级开始就学习了英文的书面表达。通过一至五年级的学习，他们对于季节话题的材料已经十分熟悉，加上前三个课时对于最喜爱的季节的描述与表达进行了铺垫，他们已经有足够的输入能够完成"最喜爱的季节"的书面表达任务。五年级学生有一定的知识储备，并且好奇心强，有很强的表现欲和表达欲，加之该话题贴近生活，可以引发学生的兴趣和讨论。但为避免话题过于单调和简单，教师在教学过程中应该设计一些具有思考性的问题组织学生进行头脑风暴，形成该写作话题思维导图。同时，为促进学生在学习上的互相帮助和共同提高，把学习的主动权交还给学生，教师还要设计难度适中的小组合作任务。Unit 1课文内容如下：

Unit 1 What's your favourite season?

Xiaoling：Look at all the colourful flowers and the beautiful birds in the trees. I really love spring. What's your favourite season，Ben?

Ben：Summer. I love swimming and summer is the best time for swimming. Do you like summer，Jiamin?

Jiamin：I like swimming but I don't like summer. It is too hot. I prefer winter.
When it snows，I can make a snowman.

Janet：I don't like summer and I don't like winter，either. My favourite season is autumn. It's very windy and I can fly a kite.

【教学目标】

1. 知识目标

（1）学生能总结概括描写喜爱的季节的原因以及句型。

（2）学生能正确分辨四季的天气、活动、景色、衣着和饮食等特点并进行描述。

（3）学生能准确运用用五个句子表达"我喜爱的季节"。

2. 能力目标

（1）学生能够通过观察总结描写季节并表达喜爱的几个角度。

（2）学生能够借助思维导图的提示组织写作语言。

（3）学生能够通过小组合作完成句子和作文的互相批改订正。

3. 情感目标

通过"我最喜爱的季节"的话题讨论，培养学生细心观察，热爱大自然的情感。

【教学策略】

1. 引导学生完成简单的思维导图，辅助进行话题写作。

2. 运用支架式教学策略，通过"总结角度——总结句型——单句写作——篇章写作"以及"阅读观察——口头表达——书面表达"的方式，难度层层递进。

3. 利用小组合作学习策略，设置小组任务，培养学生的合作探究精神。

【教学重难点】

1. 从不同方面描述喜爱的季节的原因。

2. 运用正确的句型描述各季节不同特点，表达喜爱的原因。

3. 掌握重点句型I like...best and...is the best time for...。

【教学准备】

多媒体、教学课件、1～4号码箱、投影仪等。

【教学过程】

Step 1：Warming-up

（1）What's your favourite season英文歌曲热身。

T：Let's sing a song together.

Ss：Great！

设计意图：课前齐唱相关话题的英文歌曲进行热身，帮助学生复习前几节课的知识，为这节课的话题写作做准备。

（2）齐诵Unit 1课文。

T：Can you recite the passage of Unit 1？

Ss：Unit 1 What's your favourite season...

设计意图：让学生复习课文，并检查背诵情况。

Step 2：Pre-writing

（1）根据课文总结描写喜爱某季节的原因有几个方面，分别是什么。

设计意图：让学生在观察课文的基础上总结写作角度和思路，形成思维导图初步框架。（见图1）

T：From Unit 1，can you find out how Xiaoling，Ben，Jiamin and Janet talked about their favourite seasons？

S1：Look at all the beautiful flowers and the beautiful birds in the trees. I really love spring.

S2：I like swimming and summer is the best time for swimming.

S3：I prefer winter. When it snows，I can make a snowman.

S4：My favourite season is autumn. It's very windy and I can fly a kite.

T：Can you use one or two words to conclude？

Ss：Beautiful nature，activities，weather.

T：What other words can you use to talk about your favourite season？

Ss：Clothes，food...

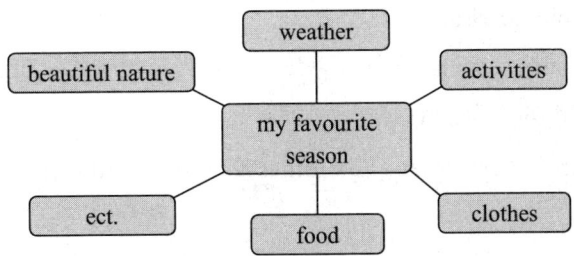

图1　my favourite season思维导图（1）

（2）以My favourite season is spring为开头，逐个方面说一说如何进行写作，并一起总结相关句型。

设计意图：发散思维，总结相关句型，对思维导图进行补充。（见图2）

T：How can we talk about beautiful nature，weather，activities，clothes and food in spring?

S1：There are some colourful flowers and beautiful birds in spring.

S2：It's rainy and warm.

S3：I can go for a picnic./I like having a picnic and spring is the best time for having a picnic.

S4：I can wear shirts.

S5：I can eat Family Reunion Dinner.

...

T：How to write the ending of the passage?

Ss：I really love spring. /I love spring best.

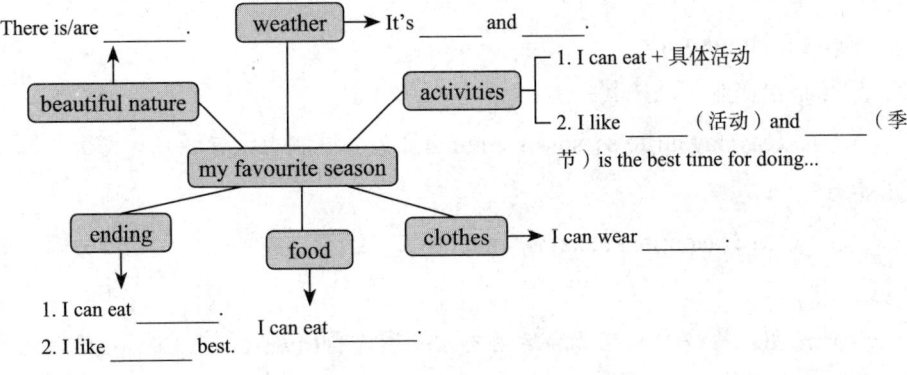

图2　my favourite season思维导图（2）

Step 3：While-writing

以My favourite season is summer为开头，四人小组合作，每人写两个不同方面，必须保证组内四个方面都写到。

（①weather，②activities，③clothes或food或beautiful nature任选一句，④ending。）

T：I will give you two pieces of paper，please write at least two sentences to complete the passage in five minutes.

After five minutes，T：Now please use another three minutes to check and correct your sentences with your teammates.

After three minutes，T：Please put your sentences into the number boxes. For example，put sentence ① into box ①.

Step 4：Post-reading

（1）组长从号码箱里各抽取两个纸条，组成两篇以My favourite season is summer为开头的短文，进行批改和订正，并补充结尾。

设计意图：要求学生进行文章重组和批改订正，培养组织和互查能力，培养小组合作精神。

T：Please work in groups to check and correct the passage.

（2）教师邀请三至五个小组派代表进行朗读和展示分享小组的一篇作品。

设计意图：学生通过朗读，带领同学进行班内互查，互相学习指正。

Step 5：Summing-up

回顾朗读思维导图。

设计意图：归纳总结写作角度和句型，帮助学生梳理巩固写作方法。

Step 6：Homework

教师布置作业（任选其一）：

（1）以My favourite season is autumn开头，绘制思维导图，句型部分写出完整句子。

（2）以My favourite season is winter开头，绘制思维导图，句型部分写出完整句子。

设计意图：检查学生理解和运用思维导图进行My favourite season话题的写作能力。

【板书设计】

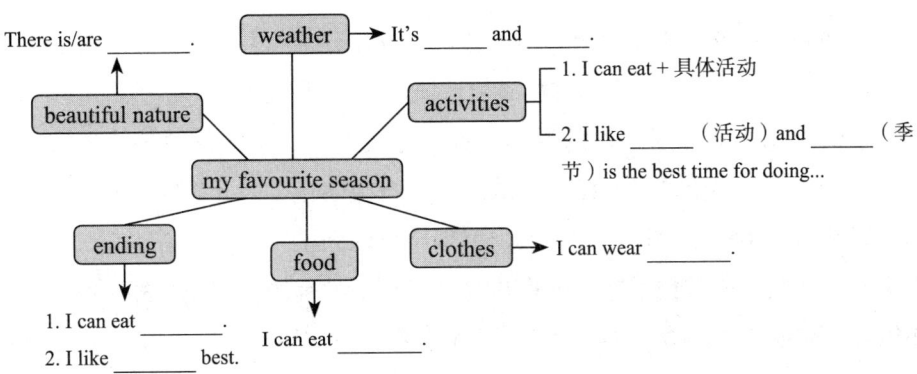

【教学反思】

本节课的教学对象为小学高年级学生，教学内容贴近学生日常生活，保证学生有话可说。整节课的教学内容集中，教学目标明确，教学活动设计合理，锻炼了学生的思维能力、合作能力、口头表达以及书面表达能力。

1. 营造轻松的学习氛围

教师在课前热身活动引入了英文歌曲，很好地调动了学生的兴趣，成功把学生的注意力吸引到课堂上来，为学生营造了轻松愉悦的学习氛围，有利于学生消除对外语学习的压力和焦虑。

2. 引导学生在观察中获取信息

教师在写前引导学生关注课文文本，由几个简单的问题引导学生观察文本，关注话题展开的角度，通过自己的观察和思考发现文本思路，为接下来的写作提供了写作角度的参考，以读促写。

3. 鼓励学生发散思维

教师在写前没有直接将写作角度给学生摆出，而是引导学生发散思维，进行头脑风暴，思考更多的写作角度并在课堂上进行交流，学生畅所欲言，教师在一旁进行适合的提示和引导，改变了传统课堂的"填鸭式""灌输式"教学，把学习的主体地位交还给学生，教师回归学习的引导者。

4. 给学生提供充分表达和交流的平台

本节课的写作任务借助思维导图，以小组合作的形式开展和完成，学生有足够的小组交流时间，确保每个学生都有充分的交流和表现。小组任务包括个人任务和共同任务，小组成员必须通过讨论进行分工，并通过小组互查达到写作的提高。因此，小组合作的过程必须保证充分交流、支持和配合。

本节课基本完成了预设的教学目标，达到了预期的教学效果，但也存在一些不足之处。本节课鼓励学生发散思维，自由表达，因此教师在严格控制时间，以及当学生思维偏离话题时恰当引导学生回到正轨等方面需要充分发挥教学机制的作用，既保证学生充分表达，又不打击学生的自信。另外，在第二次小组合作完成任务时，分工不明确，小组合作任务容易被优生包揽。

【课后评析】

本节课是"我最喜爱的季节"话题写作课，该话题贴近日常，并且学生在之前已经对课文进行了充分的学习，有了较充足的语言输入。教师巧妙地利用思维导图，为学生提供写作思路的参考和辅助。教学目标基于英语学科核心素养理念，课堂任务设计合理，学生课堂参与度高，有效地达到了预设的目标。本节季节话题写作课具有以下特点：

1. 学生是学习的主体

本节课无论是写作角度的挖掘还是写作任务的完成，都由学生通过观察和讨论完成，教师仅适当给予指导和辅助，把课堂学习充分交给学生，有效地调动学生观察和思考的积极性，培养了学生的探究能力和解决问题的能力。

2. 运用思维导图，打开写作思路

由my favourite season联想到beautiful nature、weather、activities、clothes、food等写作角度，并继续思考各角度可用句型，鼓励学生进行多方位的发散思考，允许天马行空，有利于打开学生思路，提高学生的思考能力和水平。

3. 小组合作学习，促进朋辈学习互助

本节课共设置了两次小组合作任务。第一次是分工写句子，写好后相互讨论检查和订正；第二次是合作批改订正文章，并推选代表上台交流分享。小组合作任务有利于不同层次学生之间的帮扶合作，培养学生的团结合作精神。

4. 难度层层递进，符合学生的认知规律

写作指导由易到难，有利于消除学生对英语学习的焦虑，有利于学生完全消化和吸收课堂上的语言输入。

但在本节课的教学实施过程中，以语言知识的输出为主，对于输出能力较差的学生有一定难度，影响了他们思维表达的流畅性，其在思维导图的绘制过程中容易处于被动地位，只能被动地接受其他学生的思维。但这也是思维导图应用于大班教学必定会遇到的困难，需要进行深刻的探究，思考更佳的解决方法。

7

第七章

巧用语篇阅读，培养核心素养

　　语篇阅读教学，其实是一个比较复杂的语言教学行为。为了体验语篇的情节趣味，我们会重于厘清故事；为了感受语篇的语言魅力，我们会重于理解词句；为了掌握语篇的文本结构，我们会重于提升技能；而为了品味语篇的文化内涵，我们又会重于深化意境。纵观全局，恰恰是这些蕴含了思维培养的语言行为的巧妙结合，组成了学科核心素养的完整培养！

小学英语高年级阅读教学中培养思维
能力的实践探究

滕 芳

让学生变得聪明的方法，不是补课，不是增加作业量，而是阅读，阅读，再阅读。

——苏霍姆林斯基（苏联教育学家）

《义务教育英语课程标准（2011年版）》指出，英语课程承担着培养学生基本英语素养和发展学生思维能力的任务。英语阅读作为学生英语课程学习中比较重要的一项内容，也是语言学习的重要目的之一。相较于中低年级的听说教学和对话教学，在高年级阅读教学中，词汇、语句、文本和文化意识等相关教学活动的开展更加复杂，需要教师结合思维能力的培养目标和阅读任务的具体设置，从词汇的掌握、文本的理解和语言知识的表达与运用方面着手，设计具有思维含量的阅读活动，培养学生的思维能力，进而提升学生的英语学科核心素养。

然而，在实际的教学实践中，部分教师对阅读教学的认识比较片面，课堂中更偏重语言知识与技能的传授，强调词句的跟读、背诵与复述；教师组织语篇解读过程的课堂提问偏重于记忆提取类问题，而忽略了理解推断类和分析类问题，过多的师生问答不能激活学生的思维，反而限制了学生的交流互动和学生提问的机会。这些因素直接影响了学生阅读兴趣的培养和思维能力的发展。

那么，如何在有限的阅读课时中培养学生的思维能力？教学活动的优化是其非常重要的保证。笔者结合平时的阅读课堂教学，谈谈自己的几点做法。

一、重视文本的整体性解读，培养学生思维的逻辑性

英语阅读文本的解读是英语阅读教学的一个必要步骤。阅读文本时，逐字逐句地阅读会忽略句与句、段与段之间的内在联系，容易造成文本理解上的偏差。在解读文本的过程中，教师要引导学生思考文本的逻辑线索及事件内在的逻辑关系，引领学生根据框架自主探究，进行归纳与提炼，因此读通、读透文本，这一过程就是学生逻辑思维能力的训练过程。

例如，在学习六年级下册Unit 4 We can save the animals这篇课文时，首先要分析文本，其主要内容是动物出现濒危的原因以及如何拯救，其中了解原因是文本的理解难点。教师需要从整体上把握文本结构，列出框架，帮助学生进行文本理解和结构探究，为阅读活动之后的写作任务做好铺垫（如图1所示）。

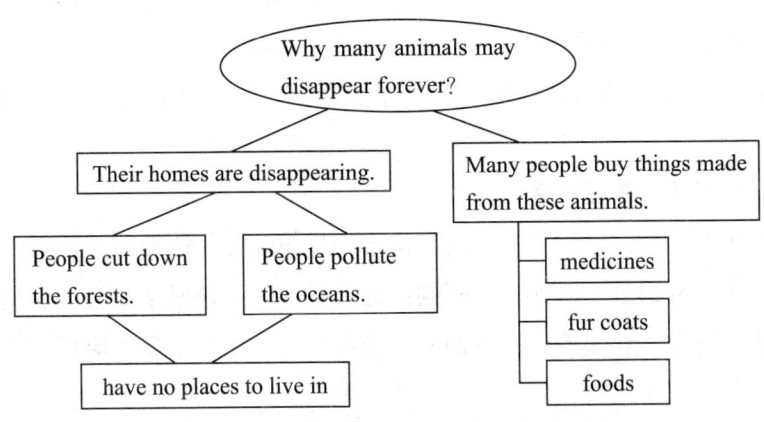

图1　读中活动框架建构

在学习七年级上册Unit 5 A trip to space这篇课文时，在分析文本的基础上，教师给出导读式框架，引导学生读通文本，锻炼了学生的观察能力，也发展了其主动探究与建构意义的能力。因此，只有对阅读文本意义进行整体性的解读，才能对文章进行深层次的理解，让语篇的意义整体性输入才能实现学生对信息的有效获取与整合，进而培养学生的逻辑思维能力（如图2所示）。

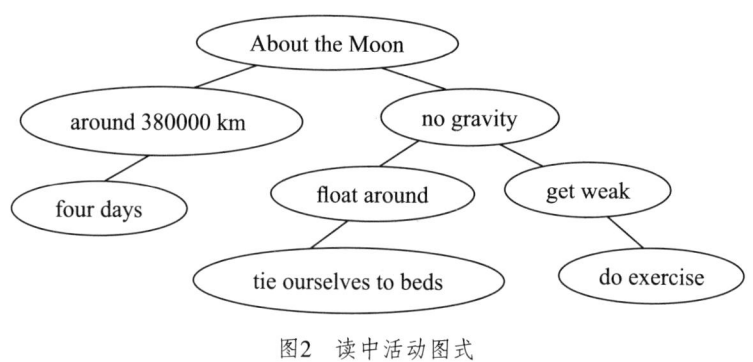

图2 读中活动图式

二、侧重词汇的情境性掌握，培养学生思维的灵活性

英语词汇学习是语言学习的重要组成部分，文本的学习为学生提供了真实的语境，尽管阅读文本中有很多新单词、新短语出现，但是前后都有着明显、紧密的联系，与所在句子、所在段落都是紧密联系、不可分的。因此，在学习新词汇时，不可单独从音、形、义上予以讲解，而是要在文本的语境中加以理解。

1. 自然拼读，掌握语音

会读单词，是记忆的前提。脱离读音记忆单词往往既费时又低效，给单词的记忆带来种种困难。因此，在刚刚接触新单词时，鼓励学生尝试通过自然拼读的方法，有效、长时地记住单词的发音与拼写，更有利于英语词汇的持续性学习。

2. 观察分析，理解词意

语言学家吕叔湘先生说过："词语要嵌在上下文里头才有生命，才容易记住，才知道用法。"在文本的阅读过程中，教师引导学生通过上下文分析、段落分析、语篇结构分析，学会准确地猜测生词的含义，掌握阅读技巧，摆脱字典的束缚。例如，在学习in danger这个短语时，通过对图片的观察和分析，学生能更直观地理解词意。

在进行语法学习时，教师通过呈现的方式，引导学生对所呈现的事进行观察、联系、比较、分析等各种不同的思维，理解语法的意义和作用，从而对所学内容有更加清晰的认识和了解，掌握将来进一步学习的主动权，这样更加符合思维发展规律的教学过程，进而培养了学生学习语法的思维方法和能力。

3. 设置情境，灵活运用

设置语境，可以使学生更加深刻地理解单词的用法，从而对词汇记忆得更加牢固。英语词汇学习要坚持"词不离句，句不离文"的原则，学习词汇的目的不仅限于了解读音、拼写、词义和词类，而是要能正确运用所学词汇，用它们组成句子，融入段落或语篇等情境中来表达意义，进行交际。因此，需要创设贴近学生生活的生动情境，学生的热情和积极性才能被调动起来，灵活运用词汇的目标才能更好地达成。

三、关注语言的连贯性表达，培养学生思维的流畅性

在整个阅读教学过程中，为了帮助学生理解和掌握文本内容，教师设置了很多提问活动，不断地鼓励学生大胆开口进行英语表达。然而，学生的回答往往表达不够完整，教师的追问式教学引导，也造成了学生组织语言缺乏连贯性。因课时和教学容量有限，教师往往会忽略这样的现象，从而严重阻碍了学生表达连贯性能力的培养。

语言是用来表达的，小学生受发展水平的限制，语言的表达上存在不规范的现象。那么，教师要更加明确教学英语的目的就是能够用英语表达出自己的意思，能够比较自如地用英语进行日常交流。在教学的时候要注重英语的语用，教师在教学时把句型正确、连贯地传递给学生，学生就可以实际运用到自己的表达中了。在问答互动过程中，教师要给学生准备的时间和条件，如让学生在小组内先进行讨论，并通过书面的方式做好语言表达的准备；教师要给学生在全班展示的机会，以激励其更好地思考，进而帮助学生流畅地表达出自己的想法，以培养学生思维的流畅性等。

四、注重知识的拓展性运用，培养学生思维的创造性

文秋芳、孙旻指出，在使用外语进行信息输入和输出的情境中，外语语言能力是培养思维能力的前提。学生在完成对整个阅读文本的解读、词汇的理解和掌握等输入性活动之后，在对文本整体把握的基础上，学生已内化吸收了新学的语言知识，为接下来的语言知识输出做好了准备。此时，教师设计丰富的思维性语言拓展性活动，引导学生大胆发挥想象，训练学生有效地运用语言的能力，从而形成语言的综合运用能力，培养学生思维的创造性。

如在教授六年级下册Unit 4 We can save the animals一课时，教师在语言的输出环节中设计了"What can you do for these animals？"这一任务型活动，鼓励学生为保护动物献计献策，让学生充分发挥想象，并在真实的情境中进行语言表达与交际活动。

这样的语言拓展活动具有开放性和创造性，能激发学生的积极主动性，充分发挥学生的想象力，而且这种语言实践活动与学生的生活息息相关，能唤起学生的情感共鸣，进而提高拓展活动的有效性，帮助学生架起知识与语用的桥梁，引导学生积极运用所获得的知识和信息开展语用活动，培养学生用英语解决实际问题的能力，培养学生英语思维的创造性。

学生英语思维能力的培养需要贯穿于平时的课堂教学中，阅读教学所占的比重较大，教师要转变观念，激发学生参与学习的兴趣，把英语学习变成有趣味的活动，充分利用阅读教学训练学生的思维能力。同时，教师要梳理课堂教学的逻辑性，优化阅读教学活动，为学生提供思维训练的机会，搭建思维训练的平台，结合思维能力的培养目标和具体的阅读任务发展学生的思维品质。

参考文献

［1］中华人民共和国教育部.义务教育英语课程标准（2011年版）［M］.北京：北京师范大学出版社，2012.

［2］刘煜鹏.英语教学要注重语言的连贯性［J］.小学教学参考，2015（24）：51.

［3］文秋芳，孙旻.评述高校外语教学中思辨力培养存在的问题［J］.外语教学理论与实践，2015（3）：6-12.

例谈教科版小学英语教材中"Story Time"的教学策略

穆玲玲

　　教科版《英语》（三年级起点）教材中的"Story Time"板块出现在每个模块（Module）的最后一个环节，深受学生的喜爱。它以Aki这个外星人角色为人物主线，围绕Aki与教材中常出现的其他小朋友Ben、Jiamin、Xiaoling、Janet以及英语老师Ms. White之间发生的各种有趣故事展开。以儿童易于接受的对话体以及实用的句型表达、丰富的情景设计、生动有趣的图片，并结合该模块的学习话题与内容，贯穿三、四、五、六年级的英语教材，为培养学生的语言运用能力提供了地道的语料，增加了学习趣味性，是教材知识结构的有机组成部分，与教材各部分内容相互补充，融为一体。

一、教材分析

　　"Story Time"专栏内容的特点：

1. 内容趣味性

　　趣味性是英语教材编写的基本原则之一。兴趣是学习得以真正发生的基本条件，一种好的教科书只有其内容能够不断引发学生的兴趣，才会给学生带来不竭的学习动力。"Story Time"中的主角Aki是外星人，他生活在Ding Dong星球上。这个角色的设定具有一定的奇幻性，因此故事中的情节既贴近学生日常生活的真实情景，又具有奇特夸张的想象色彩，富有机智感、幽默感和戏剧性，符合小学生的审美心理特点，会给读者带来无穷乐趣。例如，五年级上册第一模块的Story Time中讲述了小伙伴准备表演一个名为A Man for All Seasons的舞台剧，Aki运用他的weather machine可以随意变换天气。但在剧中需要配合浪漫剧情的春日，却被Aki不小心按错按钮变成秋天，因此Ben和Janet被淋成落汤鸡，台下观众笑成一片。正当大家非常沮丧，认为表演失败时，却听到主持人宣布："Tonight's winner is the funniest play I have ever seen... A man for All Seasons."剧情来了一百八十度的大转弯。再比如四年级下册第五模块的故事中，Ding Dong星球上举办奥运会比赛，Aki用自己的特异功能，在the long jump项目中一跳竟然跳了五个小时，绕星球一圈，直到夜幕降临，Ben和Jiamin还在苦苦等待。Aki具备的这些本领让小学生们羡慕惊奇不已，而且意想不到的故事结尾也令人忍俊不禁。

2. 主题相关性

Story Time板块的内容紧密结合各单元的主题和语言结构来设计，有利于学生在阅读中巩固单元的基本知识。从知识与文化目标的视角来看，各单元的故事都是对单元主题的进一步深化，与单元中其他语篇的风格和内容互为补充，是各单元内容的有机组成部分。例如，五年级下册第四模块的标题是Travel，单元的学习目标是通过学习能理解和运用英语谈论出行的计划，包括时间、交通工具和活动内容。表示"用……交通工具"的短语：by train、by bus、by ship、by boat等是该模块的重点。在Story Time环节编者设计了Aki和小伙伴一起外出旅游的故事，其中有打包行李、赶火车、买火车票等与主题相关的情景。从语言结构的角度来看，故事中复现了leave、excited、mountain等词汇，加深了活学活用的印象。故事中Aki因拼命往箱子里塞衣服，导致箱子爆开，他被弹出去。Ben戏称：He is flying to the mountains. Janet疑问：By plane? Ben笑答：No，by bag. 这个情节的设计让学生更好地理解英语中by加交通工具表示乘坐方式的短语表达法。

二、现存问题

尽管Story Time板块为英语教学提供了丰富的语言教学素材，但在实际教学中许多教师并未充分利用这些教学资源。具体表现在以下三个方面：

1. 在内容处理上，仅作为配角，可有可无

Story Time出现在教材每个模块（Module）结尾部分，从应试角度来看，的确不是考查的重点。因此，不少教师备课时，针对Story Time板块的设计往往是匆匆略过，甚至忽略不上。各种教学参考书也很少涉及此板块。

2. 在教学环节安排上，总是作为机动处理的内容

因为大部分学校每周仅有三节英语课，需要完成一个单元的教学任务。在这个客观条件的制约下，Story Time板块通常被教师放在课堂的最后5～10分钟教学，往往是完成了Let's talk和Fun with language这两部分的教学后，再考虑Story Time板块的教学，作为填补空缺的一个豆腐块，有时因时间有限就草草了事。

3. 教学方法单一且无新意

由于对Story Time板块的教学价值缺乏认识，以及课时紧张，教师们普遍采用以下方式处理该板块：简单播放光盘，让学生听一遍录音或者看一遍动画。或者就让学生朗读，让学生翻译句子，或老师解释不懂的词句，带读有难度的生词。

这样的故事教学流于形式，发挥不了故事教学的优势，破坏了学生阅读体验，学生完全没有机会参与探究及表演等深层次的活动，对语言能力没有实质性的提升。

三、有效策略

由上述可知，Story Time是一个具有多方面教学价值的板块，而要使这些故事的教学价值能够得到最好的落实，就需要教师采用各种有效的教学策略。现在我们从三个方面来谈谈该环节的有效教学。

（一）知识策略

1. 听

听是外语学习的基本技能之一，也是人们获取英语信息的最重要的手段之一。对于小学生而言，"听"的能力则是其他各种学习能力培养的基础。《英语课程标准》明确提出了小学阶段应达到的听力目标：能在图片、图像、手势的帮助下，听懂简单的话语或录音材料；能听懂简单的配图小故事等。据此，我们可以通过几种不同方式的听来提高听的效果。

首先，看图听录音，了解故事大意。在播放第一遍录音时，我们主要是使学生在多种辅助信息的帮助下了解故事的大概内容。我们可以让学生先看故事的插图，了解故事的情景并猜测所发生的事。然后，要求学生一边看图片一边听录音。听完后，教师应要求学生说出对故事大意的理解。

其次，逐句听故事，理解句子意义。教师以较慢的语速给学生朗读故事或播放录音，让学生边听边理解每一句话。在必要的情况下，教师应对个别语句进行解释。

最后，播放动画让学生边看边听，品味情感特征。这次，学生在对故事内容有了整体理解的基础上，应侧重于感受不同角色所说语言的语音语调和情感特点，更好地体会真实情景中是如何运用语言来表达出自然的情感的。

2. 读

读有默读、跟读、分角色朗读等不同的方式。默读是让学生自己进行阅读获取文意理解的过程。我们提倡在阅读中学习，在兴趣的驱使下，无负担自由地阅读，这样反而更能够提升学生的兴趣，让学生放下包袱，达到良好的水平。

跟读是教师带领学生逐句朗读，或者播放录音让学生跟着朗读。Story Time 中经常会出现一些课本词汇表中没有的生难词，需要教师对故事中较难的词汇和句子适当重复，确保学生会读，旨在让学生熟悉语音语调，流利地脱口而出。教师要有针对性地给不同学生必要的指导和点拨，如给语音基础较差的同学更多的关注，帮助他们一一突破词汇关；对于朗读能力较好的同学则要更多地指导朗读的语调和情感。

教师还可以引导学生以小组为单位分角色朗读，更生动地理解故事情节，体验故事中不同角色的情感，加强小组合作交流，为表演环节做好铺垫。此环节，教师要做好小组的组织和监督工作。

3. 说

说包括复述或表演。善于表演，乐于模仿，喜欢生动有趣的课堂活动是小学生最明显的心理特征。Story Time 板块中的故事多是真实的生活情景，且采用了对话的形式，非常适合学生来表演。当学生对故事进行了足够的听力和朗读练习后，可以自然过渡到对故事中的情景进行模仿表演。教师还可以鼓励学生通过道具、动作、表情、语言等方式大胆地对故事情景进行个性化演绎和发挥，将平面文字变成立体表演，能够有效调节课堂氛围，使学生享受学习英语的乐趣。

复述也是提升语言能力的有效途径。让学生根据自己的记忆和理解，进行情节的复述和内容的概括，对语言进行重新组织和编排，而不是照着课文中的句子死记硬背。这个过程，既是对阅读理解的检验，又可以加入自己的理解，由此可以达到自由发挥、活学活用的目的。

（二）技能策略

1. 妙用绘本图片，辅助理解文本

Story Time专栏中的故事具有集知识性、趣味性、文化性和思想性于一体的特点，非常符合小学生好奇心强、想象力丰富等心理特征；故事的插图采用了儿童喜爱的卡通连环画，这些插图很直观地表现了故事情节的发展，能够传达出语言所无法表现的更丰富的信息，有助于孩子更好地理解故事。因此，整个栏目从故事本身的编写到插图的设计都有利于培养学生的阅读兴趣，对于使学生持久地、自主地、有兴致地阅读英语故事起到了积极的引领作用。

2. 联系上下文的理解能力

每个故事由六幅插图及若干个小段落组成，句子之间存在着一定的逻辑关系。这种关系我们称为上下文或上下句的关系。正确地理解这种逻辑关系有助于我们对文章的阅读与理解。只理解个别句子的是片面的，也是不够的，必须把上下文联系起来，从语篇的角度，运用语法、词汇、语感、逻辑结构等对文章进行整体性的理解、分析和判断。学生在阅读时可以结合语境对词汇、句子进行分析，结合具体语境进行猜测理解，不仅可以准确地把握每一个单词的意思，同时有助于其拓展性学习

3. 推进读后拓展，训练评判与思辨能力

读后的拓展，不仅是语言的输出，更是变"被动接收"为"主动探索"。通过诸如"头脑风暴""思维帽"等活动，拓展学生的思路，令人脑洞大开。

（三）情感策略

挖掘情感、文化内涵，培养积极正确的价值观。《英语课程标准》指出，英语教材应渗透思想品德教育，应有利于学生形成正确的人生观和价值观。Story Time板块中的故事，感情真挚，富有思想性和价值性，往往通过简短的生活情景不留痕迹地对读者进行价值引导。教师在引导学生阅读故事的过程中应注意捕捉故事中的价值因素，设计有关价值方面的问题进行讨论，使学生在讨论与沉思中内化价值观，帮助他们形成健全的人格，为一生的幸福打好精神基础。

综上所述，Story Time这个板块给我们小学英语教学提供了充实有趣的语

料，具有多方面教学价值。教师要善于在教学中采取有效的教学策略，将这些价值充分挖掘出来，为学生所用。

参考文献

［1］中华人民共和国教育部.义务教育英语课程标准（2011年版）［M］.北京：北京师范大学出版社，2012.

［2］广州市教育研究院.义务教育教科书小学英语（三年级起点）［M］.北京：教育科学出版社，2014.

小学英语阅读教学存在的问题及解决策略

卢艳君

2011版《英语课程标准》首次提出义务教育阶段的英语课程具有工具性和人文性双重性质。就工具性而言，英语课程承担着培养学生基本英语素养和发展学生思维能力的任务，即学生通过英语课程掌握基本的语言知识，发展基本的听说读写技能，初步形成用英语与他人交流的能力，进一步促进思维发展，为继续学习英语和使用英语学习其他相关科学文化知识奠定基础。小学英语课程的工具性承担着育人的"两大任务"——"培养基本英语素养"和"发展思维能力"。同时，《新课标》也指出，小学阶段的英语阅读课主要目的是激发和培养学生的兴趣，使学生能读懂简单的英语故事，帮助学生在阅读学习过程中形成有效的策略。教师能够在阅读教学中根据一定的教学理论和学生实际，设计出对课内外阅读教学组织和调控的方案。但是在小学阶段，学生阅读能力低下已经成为一个普遍问题。如何提高小学英语阅读教学的实效性成了亟待解决的问题。

一、小学英语阅读教学的目的

阅读可以说是一种无声的语言交流工具，在任何一种语言学习中都至关重要。完备的语言知识和语言素养能帮助读者准确地把握作者的意图，从文章中获得语感，潜移默化地吸收地道的表达方式，提高学习与掌控语言的能力；同时读者通过大量阅读，了解世界与社会，体验异域文化和风土人情，理解不同文化背景下的情感状态，提高批评和鉴赏能力与人文素养，形成正确的人生观和价值观。工具性和人文性相结合的阅读才能达到提高语言技能、习得语言知识和培养人文素养的多重教学目标，进而为学生终生发展、全面发展奠定基础。

二、英语阅读教学出现的问题

（一）教师教学的误区

1. 重视语法词句的操练，忽视篇章的理解

阅读是对语言的认知过程，读者对获取的语言文字进行解码，以获取作者想要表达的意思。一般情况下，阅读的目的是为了获取篇章信息，而不是掌握语言形式。而现阶段的阅读教学往往过于注重词句的分析，忽视了文章的整体理解，割裂了文章的意义，使阅读课演变成词汇课、会话课，甚至是语法讲解课，从而影响了学生对完整语篇的理解。有不少教师只是通过翻译的方式帮助学生理解语篇的整体意义，其实这并不是一种科学的理解方式。

2. 忽视技巧指导，重视阅读结果

在平时的常态阅读课中，不少教师对学生的阅读方式和过程缺乏指导，对问题设计也缺乏目的性和层次性。教师往往在提出几个问题之后，便让学生自由阅读并完成练习，以为这样就完成了阅读任务。这种方式过于注重阅读结果的反馈，忽略了一部分阅读能力薄弱的学生，使学生感受不到阅读的乐趣和美感，导致阅读兴趣不断下降。

3. 只教授课文内容，缺少课外拓展

目前，小学生的阅读往往局限于课文材料，缺乏符合学生认知的课外内容，造成学生阅读速度慢、理解能力弱。《英语课程标准》指出，小学毕业前要求能看懂英文动画片和程度相当的英语教学节目，每学年不少于10小时。而现阶段学生的阅读量还远远不够，学生仅仅局限于浅层次的阅读，句型、语言稍作变动，部分学生就会不知所云，缺少语言的生成性。

4. 教师地位过于主导和强势

在教学过程中，我们强调教师与学生的"双地位"关系，然而在现实的教学过程中，两者关系常常发生偏离，教师成为"绝对首席"，严重影响了学生的主体地位与能动性的发挥。例如，在教授animals的话题时，教师一直在追问学生"What's your favourite animal？""Which animal do you like best？""Do you like kangaroo？"等，教师一直居于主导地位，学生一直被动应答。师生之间的问答完全是单向的，而不是双向的。

(二)学生的不良阅读习惯

1. 逐词阅读

一般在三年级学生刚接触英语时,通过指读可以让学生养成认读词句的习惯。而高段的学生逐词阅读,则很大程度上影响了阅读速度和整体理解水平,对学生今后阅读长篇文章有害无益。为此,教师可以指导学生泛读的方式,以快速获取文章内容。

2. 重复性阅读

不少学生在阅读时对已读过的内容不放心,而回过去复视,这是一种重复性阅读。事实上,并非读得越慢,理解能力就越强。实验表明,阅读速度快的人把握文章大意优于阅读速度慢的人。教学中,可采用限时阅读的方式,促使学生提高阅读速度。

三、提高阅读教学实效性的策略

(一)阅读前把握主题,未雨绸缪

研究表明,根据学生心理、生理的特点,学生在阅读时,往往第一印象会关注文中的主题。如果语篇关注的主题学生比较熟悉,那么学生就能够顺势理解文章的信息。反之,学生在阅读时就会出现障碍。

1. 标题引入,整体把握

广州义务教学教科版的教材,从五年级开始,对阅读语篇课文就非常重视,单数课文是对话课,如Unit 1、3、5、7、9、11,双数课文是阅读语篇课,如Unit 2、4、6、8、10、12。学生从四年级过渡到五年级的英语学习时,往往无从下手,对这么长的文章望而生畏。于是,每当教学这部分内容时,我都会提前为每个段落确立一个小标题,为课堂阅读教学设置一个突破口。如在教授教科版六年级下册 Unit 2 Waiting for another hare时,我给第一段定位为"What happened? ";第二段是"What's the ending? ";第三段是"What can we learn? "因为这个故事同学们耳熟能详,他们学起来也会充满兴趣与期待。每个段落的小标题的引用不一定是教师指定的,也可以让学生学习总结,发挥自己的想象。这种做法,有助于培养学生的兴趣,提高学生的阅读理解能力。如教授五年级上册Unit 6 At the weekend一课,在这节课结束时,师生最后通过讨论确定本文的标题是Weekend。该题目比较简单,而且让学生发挥自己的想象去设计自己的周末活动，比较符合学生实际，既培养了学生对阅读理解文本的概括力，又提高了课堂上学生学习的效率，一举两得。

2. 教师点拨，循循善诱

对于有些文章来说，我们不能明确地给出文章的主旨。对此，我们又该怎样实施有效的阅读教学策略呢？如在教学六年级上册Unit 12 Christmas时，遇到跨文化背景的Easter与"Christmas"的文化知识，此时我们可以从国外的文化背景出发，课前准备好一些关于万圣节与感恩节的资料与图片，让学生去感受节日的气氛，然后设置相关的题目，如：What's the most important festival in western countries? What is Father Christmas like? 通过已有的文化背景知识促进学生对文章的阅读理解，那么对于课文中孩子们为什么到圣诞节就如此兴奋这个问题就迎刃而解了。

3. 重点突破，丰富体验

从教科版教材的编排来看，每个单元的阅读教学都在词汇教学和对话教学之后，而且三者完成了一个从词到句、从句到篇的过渡。因而词汇教学与对话教学是阅读教学的基础，如果教师能根据重点创设相应的情境，就能大大降低学生对文本的理解难度。如在教授五年级下册Unit 6 See you at the party时，就可以创设与文本类似的情境：文本中是Xiaoling写给Janet的邀请函，在文本呈现之前，教师可以先引入一些丰富多彩的party文化，激发学生认识party文化。Be on time，be polite. 文本中的叙述与此相似，因而学生对文本的理解就简单多了。

（二）阅读中技巧指导，事半功倍

1. 读中有思，开拓视野

教师在阅读教学时要适时适度地提问。有效的提问能够提高学生的阅读速度与效率。如在教授时，在课中提取四个连接词：first、second、third、finally来围绕主题the secret to good health这样的问题设置，来解释Mr. Chen is 80 years old but looks only 60的原因。为学生的阅读提供了一个很好的框架。当学生阅读完毕，解决好这四个问题时，文章的主旨大意也就很明确了。除此之外，教师在阅读教学时不仅要设置问题，更应培养学生提问题的能力。教学中，我常给学生提问的机会，其目的就是培养学生通过感知材料逐步提高自身的提问能力。如教学教科版六上Unit 8 A trip to Hong Kong，文本的主旨是要了解Janet一家人上周末去香港玩的经历。在课前，我简单介绍了自己去香港游玩的一些经历，然后说："If you want to know more about my travel experience，you can ask me some questions."这样，学生会非常感兴趣，提出了很多与travel和feeling有关的话题。这种教学方法，既锻炼了学生对感性材料的理解，又培养了学生的提问能力，是阅读教学行之有效的方法。

2. 精讲精练，优化组合

苏霍姆林斯基说过："教室里寂静，学生集中思索，要珍惜这样的时刻。"在英语阅读课堂上，我总会给学生充分的时间去自主阅读。因为教师无法代替学生读书，也无法代替学生去思考，让学生在阅读的过程中培养自己的思考方式，获得自己的阅读方法是非常重要的。当然，教师也不是观众，毕竟小学生对英语材料的阅读往往缺乏科学性，教师必要时应给予一定的指导，指导他们对材料进行多层次、多角度地阅读，使学生掌握简单的略读（skimming）、精读（intensive reading）方法，训练学生根据上下文猜词与对词进行判断的能力。

（三）阅读后的有效延伸，精彩无限

要培养小学生阅读的综合能力，我们不能把文本局限于仅有的教材。课内阅读是基础，课外延伸是有效的补充手段。实践证明，课外阅读不但能促进学生英语阅读理解能力的提高，还能有效地促进学生英语综合技能的发展。

1. 走进生活，学以致用

选择与课堂上教学内容相关的拓展语篇，既可以帮助学生巩固课堂的学习，又可以锻炼学生的阅读能力。如在教学完五年级上册Unit 6 At the weekend后，为学生提供以下语篇：

Our weekend

Hello，I am Tom，I have a happy family. We are always busy on weekdays，so we want to relax at the weekend.

On Saturday，we usually visit my grandparents，we help them do housework. Sometimes we go hiking or ride a bike. We always have some fun. In the evening，we often stay at home. My parents watch CCTV news and I play games on my iPad for an hour.

On Sunday morning，I do my homework. My mother does housework and my father usually washes his car. In the afternoon，we often do sports. Sometimes my mother goes shopping for clothes. We really have great fun，but we never go to bed late.

以上的短文句型内容与文章内容紧紧相扣，既巩固了旧知，提高了学生课外阅读的能力，又激发了学生学习语言、运用语言的能力。

2. 参与实践，培养能力

语言学习的最终目的在于学生能准确自如地运用语言。因而在阅读课中，学生学懂课文只是浅层次的阅读目标，更重要的是通过这堂课学生能掌握什么技能、运用多少知识，体现课堂的生成性。如六上Module 4 Past experience的能力目标，在于要求学生能用英语调查组内的同学昨天做了什么事情，并学会制作调查表格。课后可以让学生尝试制作表格调查自己家人在昨天发生的事情并填写好，来拓展学生用英语书写的能力。

3. 建立评价机制，有效反馈

在平时的教学中，阅读反馈往往被教师所忽视。教师随堂发下去的阅读材料往往被学生扔在一旁，根本没有起到实际的效果。对于这一问题，我采用小组合作的方法，在班级里挑选10名英语能力比较强的学生，在他们的带领下开展课外阅读交流活动。每个月我会选个特定的时间，让学生在小组内进行讨论交流，分享彼此的信息与感受。如果缺乏阅读材料，我则建议学生利用好课后的Story Time，或者小组自选难度适中的材料。这样做，既能让学生对课外英语阅读有所坚持，又能切实提高学生的阅读能力，使其享受阅读的乐趣。

在课堂内外实施有效的英语教学策略，有利于提高学生的阅读能力，教师只有不断地去总结、去探索，才能摸索出一些更加科学并行之有效的方法，为学生的终身英语阅读打下良好的基础。

📁 参考文献

［1］中华人民共和国教育部.义务教育英语课程标准（2011年版）［M］.北京：北京师范大学出版社，2011.

［2］赵玉鑫.小学英语教学现状及反思［J］.中国校外教育，2016（8）：108.

［3］张琪.小学英语教学中激发阅读兴趣的探索［J］.内蒙古教育（职教版），2016，5：43.

在阅读教学中落实学科核心素养

——广州版四年级下册"Unit 3 It's time to get up"教学设计

滕　芳

借助阅读教学来落实核心素养教学，充分地提高学生的思维和学习能力，是目前教学中很重要的一部分。那么，如何通过阅读教学将英语中的核心素养转化成学生自身的素养呢？我根据自身的教学经验，提出以下几点策略：

1. 创设语境，发展语言能力

语言能力是学生在提高英语阅读能力的关键，学生必须具备一定的能力才能够更好地进行阅读训练，所以，教师首先要为学生创设语境，激发学生的语言创新力。例如，在教学中，教师提供一个可以让学生讨论即将学习的主题，贴近学生的日常生活，让学生在学习之前进行讨论，任何相关的内容都可以展开叙述，尝试表达自己的观点，与同伴进行交流，就可以在这个过程和语境中激发自己的语言表达能力，进而提高自身的语言能力。

2. 巧妙设疑，培养思维能力

在英语阅读训练过程中，不仅需要学生掌握语言点，还需要学生有一定的思维能力，自主思考、观察和判断。教师可以通过设置问题来逐步引导学生进行思维能力的训练。比如，在阅读前设置问题，预测文章的思路；在读中设置问题，观察文章的语言点；在读后设置问题，自主思考深化理解。学生在解疑的过程中，潜移默化地提升了自己的思维能力。

3. 设置活动，拓展学生的学习能力

在阅读教学中，读后的巩固和拓展活动，能够帮助学生综合运用知识点，这不仅仅体现在文本的巩固上，更多的是可以通过所学内容延伸到其他课外活动中，比如，学科竞赛、英语节活动等。参与这些活动，能够帮助学生巩固语言，拓展英语学习能力。

为此，在教学中教师应充分利用英语的阅读训练将学科核心素养融合到一起，有效地帮助学生提升他们的核心素养，使学科核心素养成为学生自身的一部分。

【教学内容】

本节课是第二课时，将四年级下学期第二模块第一课的对话改编为一篇小短文，巩固所学词汇和句型，同时教会学生如何快速简单地阅读小短文。学生之前已经掌握了部分关于时间和活动安排的词汇和短语，如clock、get up、go to school、do my homework、go to bed、have breakfast、have class、have lunch、have dinner，等等，能运用句型What time is it? 以及用It's...回答。本课通过阅读短文，让学生进一步学习用英语描述自己的日常活动；学习运用句型It's time to（for）...，I... at...，让学生积极参与时间和日程表的讨论，学习如何更加合理安排自己的学习和生活；从四年级学生的心理特征和兴趣出发，提供各种课堂活动和语言情境，让学生充分地运用所学语言知识互相谈论、描述和交流。

【学情分析】

学生已经掌握了一些有关时间的表达词汇和一些常用的短语。在常用句型方面，学生有一定的语言表达基础，如制作出课程安排表：timetable for weekdays，以及能互相询问了解有关时间信息，如What time is it? It's...本节课主要通过阅读的方式巩固以前所学和了解更多关于时间的新知识点，如It's time to / for... 和I... at...通过游戏、诗歌创编和情境对话等各类学习活动，充分调动学生学习的兴趣和积极性，同时为学生创设不同的情境，让学生能够灵活运用所学的新旧知识进行日常的英语交流，结合所提供的语言环境，锻炼口语交际能力。

【教学目标】

1. 语言知识目标

学生掌握关于时间的询问以及日常活动的词汇，能够听、说、读、写词汇或短语，并能掌握句型It's time to / for...，I... at...

2. 语言技能目标

（1）学生能够结合所学知识以及本课的新学句型和知识点描述自己的日程安排。

（2）学生在不同情景中能快速反应时间的询问和回答。

（3）学生能够流利地说出基本的日常活动词汇。在描述日程表时，熟练运用所学句型It's time to / for...，I... at...

（4）学生能够掌握基本的阅读技巧，在有效时间内抓住重要信息，根据信息达到阅读的要求，并根据所给信息进行口语交际和写作。

3. 情感态度目标

（1）通过诗歌和游戏，激发学生的学习兴趣，培养学生阅读和背诵文段的习惯。

（2）培养学生在学习过程中互相帮助的好习惯，在相互欣赏的环境中更好地提高自己。

4. 教学策略目标

（1）通过短文阅读，让学生能够多元化地学习英语语言，提高思维能力，更加积极地深入了解和学习英语。

（2）通过看图作文，提高学生的创造性思维能力，增强学习的技巧。

（3）鼓励学生结合实际生活对所学知识内容进行实践。

5. 文化意识目标

通过世界地图呈现各地不同的时间，渗透给学生一些异地文化，如北京时间8点时，纽约时间为7点、伦敦时间12点等。

【教学重难点】

1. 掌握时间词汇和短语：half past，a quarter to/past，it's time to/for...

2. 能熟练运用句型：It's time to / for...，I... at...表述日常安排。

3. 掌握小短文的快速阅读技巧和策略，在限定时间内抓住主要的信息，学会快速阅读。

【教学准备】

1. 投影机。

2. 相关教具。

3. 多媒体课件。

【教学过程】

（一）Pre-reading（8 minutes）

（1）Let's chant：通过英文歌谣进行热身，为接下来的学习做好准备。

Rhyme：*What time is it?*

设计意图：呈现幻灯片，分段给出句子，在rap节奏中完成热身活动。

（2）Show a world map and learn something about culture with time. 给出一幅世界地图，以老师有来自世界各个不同国家或城市的QQ friends，创设情景：When I watch TV in the evening in Guangzhou，what do they do at this time?

e.g.Guangzhou：<u>Watch TV</u> at <u>eight o'clock</u> in the evening.

New York _____ Brazil _____ London _____ Cairo _____ Sydney _____

设计意图：呈现一幅世界地图，根据学生掌握的地理基础知识，将七大洲标示出来；利用PowerPoint设计在不同的城市和不同时间里人们不同的活动，让学生能够进行直观的对比，理解世界上不同的时区，帮助学生操练时间表达方式，并渗透文化意识。

（3）Drills practice操练句型：通过钟表所显示的时间，让学生巩固询问时间句型。

①Missing game：反复操练，巩固所学知识，同时锻炼学生短时记忆力。

What time is it? It's _____.

②Ask and answer：请学生上台来做实际操作，在动手过程中巩固句型。

Ss：What time is it? S1：It's _____.

设计意图：利用PowerPoint制作出不同的时钟和时间呈现给学生，进行竞猜游戏；结合数学教学用具——手动时钟，让学生实际操作，达到巩固句型的目标。

（4）呈现本课课题和教学目标：Unit 3 It's time to get up.

设计意图：利用美术纸设计标题，贴在黑板上，呈现主题，学生大声朗读。

（二）While-reading（25 minutes）

1. Reading fast（5 minutes）

快速阅读，第一次全篇短文呈现（Reading comprehension：part 1）。

（1）第一遍，学生默读（2 minutes）。

设计意图：帮助学生养成自然的阅读习惯。

（2）第二遍，快速阅读。

设置问题，引导学生快速粗略阅读，抓住基本信息：Who is the girl？Where is the girl？What is the story about？（第一次可能未能找出完整的信息。）

2. Reading separately（10 minutes）

逐层阅读，分篇短文呈现（Reading comprehension：part 2）

（1）分段阅读，逐层递进，找出重点信息；渗透阅读策略和小技巧。针对具体问题分篇阅读，引导学生抓住重点信息，并将其画出来（circle the activities and underline the time），并根据所画信息，让学生自己完成表格：schedule of Janet（activities and time）。

设计意图：具象阅读方法，帮助学生学习解读语篇。

（2）操练句型It's time to / for... 并解释两个介词之间的使用区别。根据所给出的提示和图片，进行看图说话练习。

设计意图：利用网络图片和PowerPoint同时呈现短语和句型，让学生进行竞猜游戏和口语操练。

（3）角色表演：根据Janet的故事，请学生分别扮演Mum & Janet，进行表演。

3. Reading in whole（10 minutes）

整体阅读，再次呈现全篇短文（Reading comprehension：part 3）。

（1）整体阅读，第二次全篇短文呈现。全班一起大声朗读，适时加入阅读技巧，培养学生好的朗读习惯。

（2）根据短文内容，挖空短文中的重要信息，并给出相关图片代替重点短语或单词（避免单词生硬教授，联系图片，培养学生快速而直观读出英语单词或短语的能力，避免"英文——中文——英文"的烦琐反应过程），结合之前所得到的信息复述短文，提高说话能力，阅读与说话结合起来巩固学习。

设计意图：利用网络图片和教学软件，帮助学生直观反应和复述短文内容，提高英语口语能力。

（3）根据schedule of Janet，学生小组合作学习，集体讨论每天日程安排。给出表格，让学生在讨论后写出来，并在各自小组里大声朗读，老师选出其中读得较好的同学在全班朗读。

设计意图：通过小组合作学习，为学生提供一个展示自主学习效果与能力的舞台。

（三）Post-reading（5 minutes）

（1）设置不同的情景，让学生结合所学的词汇和句型，根据提示进行表演。

*Take a performance：（选择题目，看图说话。）

A. go to school   B. have P.E. class

C. have dinner   D. go to bed

*Discuss in your group and write down your schedule.

Every day I get up at _____. I go to school at _____...

设计意图：通过语言支架，在理解课文的基础上，学生根据所学内容进行语用训练，提升思维品质和语言能力。

（2）结合所学内容，Let's chant again.将阅读前的rhyme全班再表演一次，进行授课小结，结束阅读课。

（四）Homework（2 minutes）

（1）Make your own schedule according to what we have learned.

（2）Activity book：Unit 3.

设计意图：利用动画人物结束授课，结合PowerPoint再次巩固重点句型It's time to...以及课后作业。

【教学反思】

本节课的教学对象为小学中年级学生，教学内容贴近学生日常生活，保证学生有话可说。整节课教学目标明确，教学活动设计合理，重视了语篇教学中意识的培养，关注学生阅读能力的培养，培养了学生的学科核心素养。

1. 重视语篇意识的培养

结合学生已学过的知识，与教学中即将学习的相关内容进行有机滚动，所以在语言输入环节，我设计了看图说话、句型操练和游戏巩固练习，创设情景，让学生有效地复现知识点；提供语言支架，帮助学生通过板书、图片、音乐和教学PPT等，厘清课文脉络，加深对课文的理解；设计拓展任务培养语用意识，引导学生从机械操练到语言运用的提升；渗透情感意识，通过个人日常活动安排，学会自主学习自理生活。

2. 引导学生细心观察，抓住关键点

我通过读中活动的任务设计，引导学生关注课文文本，由几个简单的问题引导学生理解课文，关注语言点，抓住关键点，通过自己的观察和思考厘清文本脉络，为接下来巩固课文和拓展运用打好基础。

3. 保证丰富的语言输入量

课改提出："不能教教材，而要用教材。"也就是说，我们要创造性地理解、使用教材，要用心开发课程资源，灵活运用多种教学策略。所以，本节课我设置了世界地图，引导学生了解不同国度间的时间差，通过多媒体课件，增大课堂容量，提供不同的活动素材帮助学生巩固语言点，为后面的输出表达做准备。

4. 鼓励学生大胆输出，提升表达能力

本节课非常重视学生的语言输出，我通过课前的知识点滚动复现、读中的任务活动完成到读后的拓展活动，引导学生大胆地进行口头表达，不断刺激学生进行听说训练、读书训练和读写训练，帮助学生综合运用所学知识。通过一连串的语言交流活动，提升学生用语言做事的能力，进而培养学生自主学习能力，将所学运用到以后的英语学习中。

本节课基本完成了预设的教学目标，达到了预期的教学效果，但也存在一些不足之处。本节课的拓展运用还可以再拓宽思路，设计更多适合不同层次的学生能完成的任务，让所有学生都参与到语篇阅读学习中来。

【课后评析】

本节课是关于时间话题的语篇阅读课，该话题贴近日常，对词汇进行充分的学习，进行一定程度的语言输入。教师巧妙地运用图文结合的方式，为学生学习语篇阅读提供了框架。教学目标基于英语学科核心素养理念，课堂任务设计合理，学生课堂参与积极性高，有效地达到了预设的目标。本节时间话题的阅读课具有以下特点：

1. 重视语篇教学的整体性

本节课基于语篇的完整性体验，引导学生整体感知文本，让学生对语篇有了完整的理解，包括完整的语义和语境、语用目的和语意功能，有计划地培养学生的阅读习惯。

2. 分层教学，逐步深入

语篇是一整篇文章，不仅要引导学生整体感知，还需要分段进行处理。在分段教学时，本节课关注了段与段之间的连贯性，这样有助于培养学生的整体意识；再根据情节的发展，把词组、句型、语法知识渗透在整个的教学过程中，做到词、句、篇不分离。

3. 复述语篇，提升思维

复述的过程，是学生对于所学内容的内化过程，也是学生通过思维活动对整体语篇深化巩固的过程。通过复述，学生不仅巩固了重难点，还能够理顺整篇课文的逻辑顺序，在老师适时提供的框架下，根据关键词和图片进行复述，将文本语言内化为自己的语言表达。这也是培养阅读能力的一种方式，让学生在潜移默化中习得方法，提升阅读技巧。

8

第八章

任务型教学，把问题抛给学生

你的教学还停留在单纯教授语言知识的阶段吗？这样的教学只会把学生教成善于模仿的机器人，没有思想，也没有创造力。不妨来了解一下任务型教学吧，它是以具体的任务为学习动力或动机，以完成任务的过程为学习的过程，以展示任务成果的方式来体现教学成就的一种教学方式。任务型教学，能让学生在完成任务的过程中，通过感知、体验、参与、合作的方式，轻松掌握语言。

以TASK为主线，构建小学英语
任务型阅读课堂

李 薇

20世纪是外语教学大发展的时代，各种理论与流派层出不穷，如直接法、听说法、视听法、情景法、交际法等。外语教学由开始时单纯注重语言规则，逐步向注重语言意义的方向转变。任务型教学法应运而生，在交际法的基础上发展而来，并在世界各地的外语课堂上得到广泛应用。当前我国《义务教育小学英语新课程标准》所倡导的任务型教学法（Task-based Approach），是指教师通过引导学生在课堂上完成"任务"来进行语言教学的一种方法，它兴起于20世纪80年代，强调"在做中学"（learning by doing），是交际法的发展，得到了外语教学实践者的广泛认可。它要求学生通过完成任务来掌握真实的语言，以具体的任务作为学习动力或动机，完成任务的过程即为学习过程，展示任务成果的方式体现了教学的成就。"任务型"教学法提倡以教师为主导、以学生为主体的教学活动，倡导体验、实践、参与、合作的学习方式，体现了较为先进的教学理念。

一、任务型教学法的概念

任务是任务型教学的重要概念，对任务的理解直接影响到任务型教学在课堂上的运用。学者们对任务的定义也众说纷纭。Long是较早研究任务型教学的学者之一。他对任务的描述多为"真实世界的任务"（real-world tasks），如到商店买鞋、从图书馆借书、预订机票等。Nunan认为，除了"真实世界的任务"外，还有"教学性任务"（pedagogical tasks）。这类任务是课堂内的活动，如听录音并复述、小组讨论一个问题等。这类任务可以发展学生的语言能力，最终达到在生活中综合运用语言的目的。Skenan从学生自主学习的角度出发，把任务看作强调意义的活动，把学习过程看作"做中学"的过程。他明确地提出任务的几个要素：表达意义是首要目的；学习者需要解决某个交际问题；学习者所做的事情要与现实生活中的某些活动有联系；完成任务是最重要的；对活动的评价要以结果为依据。

当今的英语教学界普遍认为，任务型教学就是在英语课堂教学中，让学生用英语完成真实的生活、学习、工作等任务，将课堂教学的目标真实化、任务化，从而培养其运用英语的能力。教学中要以具体的任务为载体，以完成任务为动力，把知识和技能融为一体。作为课堂主体的学生，用所学英语去做事情，在做事情的过程中发展运用英语的能力。

Nunan在对任务型教学进行研究的基础上，总结出了任务型教学的五个特点：强调通过交流来学会交际；将真实的材料引入学习环境；学习者不仅注重语言的学习，而且关注学习过程；把学习者个人的生活经历作为课堂学习的重要资源；将课堂内的语言学习与课堂外的语言活动结合起来。

二、任务型教学法的基本模式

1996年，Jane Willis在她的经典著作《任务型学习法概览》中提出了著名的任务型学习框架，包括任务前、任务循环和语言聚焦三个阶段：

1. 任务前（Pre-Task）

教师引入任务。

2. 任务循环（Task-cycle）

（1）任务（task）——学生执行任务。

（2）计划（planning）——各组学生准备如何向全班报告任务完成的情况。

（3）报告（reporting）——学生报告任务完成情况。

3. 语言聚焦（Language focus）

（1）分析（analysis）——学生通过录音分析其他各组完成任务的情况。

（2）操练（practice）——学生在教师指导下练习语言难点。

第一阶段，任务前。在这个阶段，老师介绍和定义主题，使用各种活动帮助学生回忆和学习有用的词和词组。第二阶段，任务循环。在这个阶段，同伴或小组完成任务。完成任务可以借助听力材料和语篇阅读。教师监控课堂，给学生提供必要的帮助。之后，小组合作，准备向全班同学汇报任务完成的过程以及他们的发现。教师充当语言顾问，帮助或指导学生演练。最后，小组或同伴向全班同学做口头或书面汇报。第三阶段，语言聚焦。在这个阶段，老师可以分析课文中特殊语言的特点，将学生的注意力聚焦到语言方面；也可以与学生一起回顾先前的几个环节，让学生将注意力聚焦在生词、词组和句型方面，提高课堂的效率。

三、任务型教学模式在攀登英语阅读教学中的实践应用

如果光是从别人那里拿来，而不能结合实际，把它变成自己的财富，那就是生搬硬套。教师要结合实际情况去实施任务型教学，学会反思教学，观察自己的课堂行为，评估实验的效果，在验证别人的发现的同时，形成自己的教学理念和独特的教学风格。考虑到小学阶段学生的知识水平和学习能力，我们提出了这种以TASK为主线，以Jane Willis的任务型学习框架为基础的小学英语任务型课堂，具体实施时要倡导任务导入（Task-leading in）、听说领先（Audio-video input）、情境演练（Situational practice）、回顾总结（Knowledge review）四要素。下面以《攀登英语》The Pig's Backpack为例，谈谈TASK教学法的具体实践，主要分以下四步走：

1. 任务导入

"兴趣是最好的老师。"导入阶段的主要任务是激发学生的学习兴趣，并向学生介绍本课的学习任务和知识要点。如果在导入时，坚持"任务"导入，让学生聚焦在学习目标方面，然后教师有意识地扫除学生的阅读障碍，将文章里一部分生词、难词先解决了，可以有效缓解儿童的畏难情绪，为下一环节的学习奠定基础。

《攀登英语》中的"The Pig's Backpack"这一课的教学内容围绕Piggy is going for a picnic.这一话题展开学习，语言重点是字母p的发音以及含有字母p的生词认读。一上课，教师就和学生们用英语展开了热烈的讨论：

T：大家喜欢野餐吗？

S：当然喜欢。

T：如果野餐的话，你们打算去哪里？天河公园？香雪公园？

S：……

T：我也喜欢野餐。我需要一个背包，backpack。你有backpack吗？什么颜色的？

S：……

T：看，我的背包很大，我要带一瓶水，一盒巧克力饼干，一个苹果，还有一根香蕉。你打算带什么呢？这节课，我们一起来制订一个野餐计划。先让我们一起来读故事的前五页，大家看到了什么？

S：一只猪。

T：是的，一只猪。他是什么颜色的？

S：一只粉红色的小猪。

T：是的，这只粉红色的小猪要去野餐。让我们一起读故事，看看究竟发生了一个什么故事。

通过让学生仔细观察故事的前五页，大家认识了今天故事的主角Pink Pig，并认识了今天学习的中心词：picnic和backpack。就这样，在一问一答之间，教师和学生形成了良好的默契，学生们兴致盎然地进入了本课的故事学习。

2. 任务准备

在小学阶段，因为小学生语言知识储备不足，教师要想放手让学生开展任务，就必须为他们做好充足的准备。这一阶段的学习决定了学生能否具备完成后续的任务能力。在这个阶段，学生小组合作读故事，学习拼读生词，也可以贯彻"听说优先"的原则，充分运用多媒体辅助工具，让学生在听声音、看图像之余，学会单词、理解句子，在潜移默化中掌握目标语言的基本架构。

教师将学生分成小组听读故事，小组互助完成重点字母p的发音以及含有字母p的生词认读，并完成下面的任务：

Ask & Answer:

What does the pig put in his backpack?

小猪在他的背包里放了哪些东西呀？

He puts in his backpack.

他放在了他的背包里。

教师在黑板上展示了四幅图画和四个生词pear、peach、potato、peanut，小组完成生词学习，并请同学充当小老师，将生词的拼读和意义与全班分享，教师在一旁帮助并补充。

T：What does the pig put in his backpack？

Ss：He puts a pear in his backpack. P—p—pear.

He puts a peach in his backpack. P—p—pea—peach.

He puts a potato in his backpack. P—p—po—ta—to—potato.

He puts some peanuts in his backpack. P—p—pea—n—u—t.

T：Anything else can you see？

S5：Cherries，apples，a watermelon，bananas...

T：接下来发生了什么故事呢？原来Piggy的袋子太满了，水果都掉光啦。同学们，我们能从这个故事中学到什么道理呢？对了，不要太贪心哦！Don't be too greedy！

3. 任务实施

目前，我们所采用的小学英语教材，内容及设计都源于学生的生活实际。只有在英语教学中联系生活，让学生学会在真实的情境中运用英语，英语学习才会变得有意义。在这一环节中，教师要充分利用情景法、交际法等原则，坚持情境演练、小组活动和任务式学习，让学生在情境中理解和应用外语，并注意联系生活，在情境中运用语言，构建任务型英语课堂。

这一阶段我们采取了Jane Willis的任务循环（Task Cycle），分三步走：task、planning、report。今天的任务是制订一次野餐计划，包含了时间、地点、任务、需要的东西、要带的食物等。在开展小组活动之前，教师要先做示范，如何制订一份野餐计划、如何汇报，等等，学生仔细聆听。然后，学生分组讨论，填写下表，练习汇报演示。

Planning a Picnic（小组野餐计划）

Group _____

When: _____

Where: _____

People: _____

I will need _____.

I will put _____ in my backpack.

学生分小组讨论任务，联系生活，设计出各小组的野餐计划。学生小组合作完成任务，在交际中操练语言，学以致用。组员在小组长的带领下，充分发表意见，并尽量准确地读出计划的内容，为后续的汇报做准备。最后，小组汇报，全班同学聆听汇报，在分享中学习。

4.语言点聚焦

小学生知识遗忘率高，为帮助学生理解、记忆语言，"语言点聚焦"环节显得非常重要。教师在这一环节帮助小学生将注意力聚焦在语言知识和语言表达方面，然后设计相应的练习或活动进行巩固操练，提高课堂的效率。通过小诗、歌曲、游戏、比赛等活泼的形式进行总结提炼，受到广大学生的喜爱。

《攀登英语》中"The Pig's Backpack"的教学重难点是字母p的发音以及含有字母p的单词认读，为此，教师设计了以下两个任务，分别用学生喜欢的游戏和比赛的方式进行，让学生在玩中学：

（1）Read Fast：The sound of letter "P"：p p—/p/ /p/（拼读比赛，巩固字母p的发音。）

（2）Matching Game：Words Review！（连线游戏，复习生词。）

综上所述，以TASK为主线的"任务型"小学英语阅读课堂，以任务为主线，发展学生用英语做事情的能力，提高了课堂教学的实效性。教师应扬长避短，继续加强研究和实践，积极发掘任务型教学模式的优越性，提高小学英语课堂的教学效率和质量。

参考文献

［1］龚亚夫，罗少茜.任务型语言教学［M］.北京：人民教育出版社，2003.

［2］中华人民共和国教育部.义务教育英语课程标准（2011年版）［M］.北京：北京师范大学出版社，2012.

［3］赵淑红.新课程课堂教学技能与学科教学（小学英语）［M］.北京：世界知识出版社，2007.

在小学英语字母故事阅读教学中智慧
实施任务型教学

胡 杰

　　小学生在幼儿园阶段的活动主要以游戏为主，他们爱游戏，也在游戏中学到了一些知识。当他们进入小学后，生活方式发生了很大的变化。在课堂上，他们必须坐姿端正，更不能随意走动。语数英各科的考试和作业也蜂拥而来。这种略带强制性的、重复性的学习，使学生渐渐失去了学习的热情，部分适应能力慢的孩子开始厌学。然而，小学阶段的孩子们应该是充满热情和激情的，规矩的课堂束缚了学生的思维，浇灭了他们激情的火花，他们迫切地需要解放天性，释放能量。

一、问题的提出

　　随着自然拼读法的兴起，各种以自然拼读为主导的故事书随之盛行。教师的教学中也开始尝试字母故事教学。在字母故事教学中，很多教师采用的是"互动式模式"（interactive approach）。互动式模式是现阶段教师采取较多的阅读模式。这种模式强调语言形式、语篇、语义的理解，但对于刚接触自然拼读的低年级孩子来说，单词、句型的学习较为枯燥。特别是有的教师把故事教学上成领读课，教师读一句，孩子跟着读一句。这样反复的朗读使学生感到疲乏，大部分学生失去了阅读故事的乐趣。而"任务型教学"（task-based language teaching）是一种强调"在做中学"的语言教学方法。在教学活动中，教师围绕特定的交际和语言项目，设计出具体的、可操作的任务，学生通过表达、沟通、交涉、解释、询问等各种语言活动形式来完成任务，以达到学习和掌握语言的目的。小学低年段的孩子无疑更适合这样的教学模式。

那么，怎样在小学英语字母故事阅读教学中智慧实施任务型教学，使学生不但不会感到疲乏，反而越学越有兴趣、越学越有激情呢？通过反复实践和思考，笔者总结了以下针对低年级字母故事教学的任务型教学模式。

二、智慧实施任务型教学的措施

本文以北师大出版的《攀登英语阅读系列·有趣的字母》中字母u的故事《It's fun to jump》为例，学生为三年级的学生。该课例的教材内容如下：

It's fun to jump

It's time to jump，jump，jump，jump!

Jump over the duck. Jump over the drum.

Jump over the cups. Jump over the mushroom.

Jump over the bus.

Jump over the sun.

"Oops！"

Up！Up！Up！It's fun to jump!

（一）任务前奏

任务前奏也就是热身环节，就所学故事的主题设计一些相关的歌曲、小诗或节奏舞。歌曲是所有年段的孩子都喜欢的热身活动。几乎所有的孩子都喜欢节奏舞，节奏舞一定要配上节奏强的音乐，老师带着学生做富有动感的舞蹈，学生的激情将会被瞬间点燃。比如，在演唱中，教师带领孩子们做一些舞蹈动作；在小诗的朗读中，配上有节奏的音乐和相应的动作。

本课中，教师采用节奏舞的形式。教师带领学生跳一段自编健身舞，健身舞以打乒乓球、羽毛球和篮球的动作为基础，并设计了多处跳跃的动作，教师在喊口令时在跳跃的部分说出本课的关键词jump，激起学生跳跃的乐趣，自然地导入本课内容"It's fun to jump"。

（二）海浪式推进任务

海浪式推进任务是按照任务的难易程度，由简到繁，由易到难，层层递进。学生从简单的任务中体会到成功的滋味，充满信心地迎接一个个挑战。完成任务的过程中，学生以小组为单位，优差结合，团队成员各尽其职、各尽所能，合作完成任务。

1. 火眼金睛

快速地在故事书中找出含有所学字母的单词。

Find the words with letter "u" and write them down on the paper.

设计意图：让学生快速了解本课要掌握的单词。

2. 按图索骥

朗读之前学过的含有该字母的词，找出发音规律，试读本课的新单词。

Read the words the pupils have learned before，and find out the pronunciation rules of letter "u". Then try to read the new words（如图1所示）.

图1　按图索骥

设计意图：通过朗读学过的单词，找出读音规律，利用规律试读新单词，为后面的课文朗读打下基础。

学生通过已学单词bus、cup、sun、fun 的朗读，找出了字母u在闭音节词中的发音［ʌ］，根据发音朗读了故事中的新单词duck、drum、jump、mushroom。

3. 统揽全局

通过略读找出故事的主线，初步了解故事内容。

Circle the things the boy jumps over and put them in right order（如图2所示）.

Circle the things the boy jumps over and put them in right order.

图2　统揽全局

设计意图：让学生快速了解故事内容。

4. 精益求精

大声朗读，并思考和完成与故事相关的学习任务。

在完成任务的过程中，将语言知识和语言技能结合起来，有助于培养学生综合运用语言的能力。

① Read the story loudly, and give each scene an appropriate response.

在熟知新单词后，大声朗读故事，并思考给故事中的每个情景配上适合回应的句子（如图3所示）。

图3　回应句子

设计意图：培养学生学会一边阅读一边思考的能力。

② Act and take photos.

学生通过小组合作选择故事中的一个场景，用以上所学的六个句子进行表演，教师拍照留下精彩瞬间。在本课结束前教师播放照片，与学生一起欣赏，分享快乐。

设计意图：给学生创造展示自己的机会，挖掘每个学生的表演天赋。

5. 天马行空

师生一起探讨有启发性的故事点。在活动中学习知识，培养人际交往、思考、决策和应变能力，促进学生积极参与语言交流活动，启发创造性思维。由于低年级学生的英语水平有限，为了让他们更好地表达自己的观点，可以适当地使用中文。

Let's talk. Why does the sun catch the boy's foot?

设计意图：让学生发挥想象，共同探讨故事最后部分为什么太阳抓住男孩的脚。学生天马行空的想法，将给故事增添更多的乐趣。

教学片断：

T：Why does the sun catch the boy's foot?

S1：The sun is 孤独（lonely）. It wants to live with the boy.

S2：宇宙（The universe） is dangerous. Don't go there.

S3：The sun wants to 旅行（travel） with the boy.

...

（三）终极拓展任务

由于学生的英语水平参差不齐，在设计任务时，教师要根据每个小组的不同情况，给每个组布置与其英语水平相当的不同层次的拓展任务。多种多样的任务活动，有助于激发学生的学习兴趣。在教师的启发下，每个学生都有独立思考、积极参与的机会，易于保持学习的积极性，养成良好的学习习惯。

在本课中，教师根据学生的特长、成绩的优良设计了五个难易不同的任务。这些任务的设计不仅让学生知道英语字母的学习，不仅局限于故事的阅读，可以从小诗、歌曲等多方面获取知识。

设计意图：让学生在做任务、完成任务的过程中体会英语学习的快乐，能有所收获，并培养学生团体合作的精神。

1. Act out the story（level 1）

用旁白的方式表演这个故事。即一个组员朗读故事，其余组员用夸张的肢体语言和动作表现出每个场景。

2. Act out the story（level 2）

用对话的故事表演这个故事，即一个组员扮演故事中的男孩，其余组员扮演每个场景中的动物或物体，用Oh，no! / Oh，my god! /Naughty boy等做出回应。

3. Make a story and act

选择以下带有u字母的单词编一个故事，并和所有组员一起表演这个故事：run、under、underground、umbrella（雨伞）、upstairs、ugly、uncle、thumb。

学生作品：I run under the umbrella. I run under the underground. I run upstairs. I run with my ugly uncle.

4. Act out the little chant

熟读小诗并和所有组员一起表演。

小诗1（选自《攀登英语·一级A》）

Run, run, run,

Have a little run,

Running in the shadow,

Running in the sun.

Run, run, run,

Have a little fun,

Running in bare feet,

Again and again.

小诗2（教师自编）

Hug, hug, hug,

Give me a big hug.

Bug, bug, bug,

I have a little bug.

Duck, duck, duck,

I have a lovely duck.

Hug my bug,

Hug my duck,

Hug my mummy,

A big big hug.

5. Sing a song

教师编写了与本课内容相关的歌词，要求小组成员用所给歌词替换小组熟悉的歌曲中的歌词和所有组员一起表演。

Jump, jump, jump, it's fun to jump.

Jump over the duck,

Jump over the drum.

Jump, jump, jump, it's fun to jump.

Jump over the cups,

Jump over the mushroom.

Jump，jump，jump，it's fun to jump.

Jump over the bus，

Jump over the sun.

在本课例中，小组成员把歌词用动画片《冰雪奇缘》中的主题曲《Let it go》的曲子唱出来，引起了学生的共鸣。

三、结束语

小学低年段的学生刚接触英语，他们需要教师引导慢慢进入英语阅读的世界。而在小学英语字母故事阅读教学中，智慧实施任务型教学更成为阅读教学的重中之重。教师既要让学生学有所思、学有所获，又要让学生快乐地学、自觉地学。任务设计的质量成为一堂课成败的关键。教师应当从学生的角度考虑，分析特定年龄阶段学生的心理，切实了解学生想做什么、能做什么，从而设计出能促使学生全面发展的任务，培养他们自身的认知能力，调动他们大脑中的英语资源，在完成任务的过程中激发学生的语言习得和应用能力。

参考文献

［1］吴秀云. "互动式"教学模式探析［J］.太原教育学院学报，2002（1）：22-24.

［2］方文礼.外语任务型教学法纵横谈［J］.外语与外语教学，2003（9）：17-20.

《攀登英语阅读系列·神奇字母组合》绘本故事（2）

——"Tick–Tock Goes the Clock"教学设计

陈丹虹

本课的定位为绘本与自然拼读结合教学，以绘本为载体，自然拼读为辅助。自然拼读教学法作为单词认知和拼读的基础，学生可以快速掌握拼读规律，培养"见词能拼、听音能写"的英语拼读能力；绘本阅读集趣味性、人文性和教育性为一体，既可练习和巩固自然拼读的拼读规则，同时又通过故事和图片启迪学生智慧，激发学生的阅读兴趣，它是帮助学生走向自主阅读的有效途径。

【学情分析】

本课教学对象为四年级学生。该阶段学生已经具备了一定的语音基础：学生对辅音字母在单词中的基本发音已经掌握，对于一些新的单词也能在教师的帮助下主动尝试拼读。对元音a、e、i、o、u在重读闭音节中的发音规律已经有所体会。学生可以在头脑中初步建立字母与发音的直接联系，能够自主拼读简单的、符合发音规律的单词。本课学习将通过阅读故事"Tick-tock goes the clock"，巩固字母组合ck在词尾的发音规律，鼓励学生尝试运用此规律展开多层次的拼读活动。

【教学内容】

为培养学生英语拼读能力，我校引入了课外阅读资源北师大版《攀登英语阅读系列·神奇字母组合》开展英语拼读教学实践研究。本教材关注英语阅读关键技能的训练，尤其是拼读技能，将英语字母或者字母组合的形和音准确对应，根据字母的发音特点搭配生动有趣的小故事使学生在阅读故事的过程中体会字母及字母组合在单词中的发音规律。

本课选取"Tick-tock goes the clock"为阅读载体是考虑其能作为广州版英语四年级教材内容的一个拓展，且故事内容有趣易懂，每一个情节都给予学生广泛的想象空间。目标语tick、tock、clock、pick、sock、lock、kick、duck等一系列含ck字母组合单词的出现帮助学生体验字母组合ck的发音规则。学生在理解故事大意的基础上，通过朗读故事总结字母的发音规律并尝试更多层次、更系统地拼读练习，掌握发音规律，增强字母组合ck的拼读敏感性，从而提高个体阅读流畅性。另外，本课的故事中有较多的对话，有利于学生模仿语音语调，进行"美读"的体验。

【设计理念】

本着"在玩中学，在学中玩"的理念，课堂以说唱、游戏、表演、比赛的方式，营造宽松、民主、和谐的教学氛围；通过操作性强的前置性作业，能充分释放学生的能力和激发求知欲，让学生在自主学习、小组合作的过程中去收获"鱼"；抓住学生的心理特点和兴趣来进行教学设计，注重小组合作的学习方式。积极创设和谐的学习环境，让学生在轻松愉悦的环境中去收获"渔"；通过创设适当语言情境，充分激发学生表演欲望，让学生在歌谣与表演中去收获"愉"。在教学中，高度尊重学生，用欣赏的眼光对学生进行鼓励，肯定老师发挥的主导作用，以学生为主，以学困生为主，通过导学、示学、活学、研学、赏学，让每一个学生在这堂课中都能收获到"鱼""渔""愉"，收获知识的同时，感受到学习的快乐与幸福，真正做到快乐学习。

【教学目标】

1. 学生能够理解本课故事大意。

2. 学生能够流畅、有感情地朗读所学故事。

3. 学生知道字母组合ck在单词中不同部位的发音，并运用其规律，拼读简单的单词。

【教学过程】

（一）热身与导入（Warming-up）

1. 音素小诗热身

课前朗诵音素小诗（如图1所示）热身，让学生回顾字母组合的发音规则，为后面的拼读学习做铺垫。

ai /ei/ I can't wait.

al /ɔ:/ Let's take a walk.

ar /a:/ Let's drive a car.

ee /i:/ Where shall we meet?

er/ə/ A hungry tiger.

ear/iə/ Oh, dear.

图1　音素小诗

2. 快速拼读

（1）老师随意抽取几个字母及组合，让学生快速说出它们的发音规则。

（2）老师把这些字母组合成单词，让学生快速拼读出这些单词。

3. 解码单词，玩转phonics

（1）小组合作，探索新单词的发音规律，学习ck字母组合（如图2所示）。通过一张鸭子拿着时钟的图片让学生说出不同的单词，并且主动寻找单词之间的规律，从而自主解码单词的ck发音，为后面学习新单词做铺垫。

black

duck

clock

图2　自主解码

（2）Bingo游戏，在欢乐的游戏中学掌握新单词。

4. 唱歌曲（The clock）

（二）故事前（per-reading）

1. 猜谜语，引出本故事的关键词：Clock（如图3所示）

Who has no legs,

but can walk all day and all night?

It's a clock.

图3　猜谜语

2. 观察故事封面，引出an angry woman

T：Look at the picture，what can you see?

How many clocks are there in the picture?

Is the old woman happy?

3. 创设故事情境：引导学生观察故事图片

T：Look，Miss Chen is going to introduce you a new friend，she is Granny Mock. Do you want to say hello to Granny Mock?

Look at the picture，is Granny Mock happy?

T：Why is she happy?

T：Look at this picture，is she happy now? Why? What happens?

（三）故事中（while-reading）

1. 默读故事

预设理解任务，学生浏览故事P7—P11，并完成任务。

T：What does Granny Mock do with the clock at the first time?

T：Does the clock stop tick-tock?

2. 大声读故事

同桌共读故事P12—P15，完成任务。引导学生观察图片，核对答案，并谈论图片，师生合作完成故事大意的思维导图。

T：What does Granny Mock do with clock this time?

T：Does the clock stop tick-tock?

3. 猜故事

（1）学生根据图片及老师的动作去预测和学习故事的发展。

T：Look at this beautiful line，what happens?

T：Can Mock enjoy the quiet time?

T：Who comes in?

（2）学生小组讨论Mock奶奶会和duck说什么或者做什么事情。

（四）故事后（post-reading）

1. 完成连线小练习并利用思维导图复述故事

2. 任务展示环节

A. 绘本表演 　　　　　　　　　　B. 续写故事表演

C. 节奏英语展示 　　　　　　　　D. 歌曲改编展示

（五）课堂总结（summing-up）

（1）关注故事中含有字母组合ck的单词，体会ck在单词中的发音，并尝试拼读字母组合ck的新单词。

（2）学生讨论如果他们是Mock奶奶，学生有没有好办法让闹钟不吵。

（3）唱歌曲。

（4）布置作业。

【教学反思】

本节课主要是通过自然拼读与绘本相结合进行教学，在课前做了大量的教具准备，包括课堂的听力资源、课件中不同场景相对应不同音乐的设计、学生表演的各种道具。课堂中用到了三首不同的歌曲，教师在前期对歌曲进行动作的编排，在课堂中孩子们可以在轻松愉快的表演中去学习新的知识。课堂中，教师利用不同方式带领孩子们思考问题，通过不同的感官去理解绘本的内容和知识。比如，当闹钟被扔出去之后，PPT上面加入了悬疑的音乐，这样就能给学生营造一种紧张的感觉，从而去猜测后面到底发生了什么样的事情。当然本节课也存在很多需要改进的地方。第一，问题的设计应该层层深入，也可以加入一些拓展性的知识去延伸绘本的内容；第二，给孩子们展示的环节时间相对少了一些，这些都是在今后有待改进的地方。

小学英语绘本阅读任务型教学设计

——以"Who is stronger"为例

钟素宇

图1　绘本封面

　　绘本故事《Who is stronger?》（见图1）主题定位为绘本阅读与自然拼读，要求以绘本阅读为载体，自然拼读的教学贯穿其中。英语的绘本具有直观性、生动形象性与故事性，并以其图文并茂的特点吸引学生阅读学习英语，同时也吸引了越来越多的教学者将英语绘本的学习带入课堂。然而在英语绘本材料不足的现状下，要想上好一堂英语绘本课并非易事。而要将绘本阅读与自然拼读相结合更要求教师充分利用现有绘本素材开发挖掘潜在资源。如何在任务型教学模式下，有效地将绘本阅读与自然拼读相结合，呈现一堂精彩有效的绘本阅读课堂，是我们不断探索的问题。

　　有效的英语课堂不是单向的，不应仅仅强调教师的主导性而忽略了学生是课堂的主人这一事实。英语课堂具有双向性，是师生进行有效互动的一个平台，英语语言的学习应该是在沟通交流中形成的，在承认学生的主体性前提下才得以有效开展，而这个过程应该是充满乐趣的。因此，在选材的过程中，我们有意识地把绘本的主题偏向于生动有趣的动物拟人故事，以其多彩美丽的图片与生动有趣的故事情节激发学生的兴趣与好奇心，自发地投入到绘本阅读当中来。

【教材分析】

此篇绘本故事围绕大象和老鼠进行比赛的故事展开，其中有外貌的对比、能力的比对、行为的对比，但最终它们通过合作认识到只有互相帮助才能让自己更强大。教材难度与广州版四年级教材难度相当，是对广州版教材中出现过的外貌、能力话题的补充与巩固。学生对这样的话题不会感到陌生，熟悉的句子与表达可以激发他们的学习兴趣和表达欲望。另外，绘本故事的内容也对学生中存在的"争强好胜"心理具有一定教育意义。文本如下：

Who is stronger?

Small mouse and big elephant are contesting.

Who is stronger?

Big elephant is tall. Small mouse is short.

Small mouse climbs up to the top of a tree.

Big elephant is heavy. Small mouse is light.

Oops，a strong wind blows small mouse up to air.

Big elephant is fat. Small mouse is thin.

Too bad，the fence is broken.

Big elephant has a long nose. Small mouse has a short nose.

Big elephant has thick legs. He can walk heavily.

Small mouse thin legs. He can walk quietly.

Big elephant has great strength. Small mouse has little strength.

Big elephant says，"Ha-ha，I can lift you up."

Small mouse says，"Well，your nose is heavy，but I can lift it up."

【学情分析】

四年级的学生大约10岁，已经具备一定的英语语言基础，可以尝试具有挑战性的课堂任务，面对广州版英语教材学习过的熟悉的话题，会积极地进行讨论并表达。但因异地授课，且没有提前磨合，学生与老师不熟悉，存在一定害羞胆怯的心理，因此需要授课老师利用开场短短的几分钟时间，迅速消除学生的陌生感和恐惧感，并充分调动学生课堂参与的热情。教师要注意口令清晰，在语速及表达方面也应考虑学生的实际情况和接受程度，并进行及时调整。

基于教材与学生的情况，为了突破本节绘本阅读教学的重难点，我们四年级团队设计了以下教学环节。

【教学过程】

（一）绘本的阅读与phonics的教学相结合，寓教于乐

在进入绘本故事的学习前，我设置了Phonics Time的环节，让学生知晓本节课Phonics的学习任务（letter "e"）。Phonics time 游戏简单有趣，能够迅速吸引学生的注意力，操作性强，强烈的节奏感能够迅速烘托课堂气氛。

另外，课堂穿插生词的讲解，教师不直接带读，学生在教师的引导下，自主解码获得新词的音。教师以图片或题目辅助理解等方式使学生获得新词的义，学生自主解码能力得以培养。

设计意图：在时间有限的课堂里，设计简单的Phonics小游戏不仅能够迅速将学生的注意力集中起来，充分激发学生语言学习的兴趣而且也自然地呈现绘本阅读与自然拼读相结合的意图。生词的讲解贯穿于绘本课堂的始终，学生借助老师提供的图片等，通过自己的努力，主动而及时地扫除了生词障碍，实现自主阅读的目标。学生通过尝试，学会如何思考和解决问题，不仅完成了课堂任务，而且培养了解决问题的能力。

（二）猜谜导入，创境激趣

创设情境是唤起学生主动学习的有效方式。上课开始，教师通过猜谜语的形式引出绘本故事的两位主人公，让学生充分分析大象和老鼠的外在形象并抛出问题，自然地过渡到故事的主题："Who is stronger？"

T：It's big and grey. It has strong legs and long nose. Guess what animal it is?

S：Elephant!

T：It's small and brown. It has sharp teeth and long tail. What animal is it?

S：Mouse!

Elephant和mouse是学生所熟知的动物，而它们两个却具有截然不同的外貌特征，这两个主人公在身形、力气等各方面进行比赛，比比谁更加强壮。教师以contest为切入点，引出故事的主题。

设计意图：*良好的开端，是成功的一半。课堂的有效与否与课堂的初始活动有着紧密联系。猜谜导入法是教师常用的课堂导入法之一，谜题通过描述两只小动物的特征外貌，吸引学生抢答，学生轻松而快乐地投入到课堂中来。*

（三）整体感知，巧设疑问，引发思考

在使学生明确故事主题的前提下，教师利用教学媒体播放提前制作好的绘本故事动画，使学生对整篇绘本故事有一个整体的认知，并依据此整体感知，进行接下来的绘本学习。同时，视频的播放不公布故事结局，适时暂停并巧设提问：Before we know the ending of the story, can you tell me, in your mind, who is stronger? 该问题能够激发学生想象力并使学生尝试预设故事情节与内容，有利于学生发散思维，培养他们的想象力。

设计意图：*初读故事，整体感知的目的在于帮助学生建立对绘本故事的大致认知，疏通文义，引导学生自发流利地朗读故事。由于本绘本教材可用素材十分有限，只有简单的图片与字幕。为了呈现音图像丰富的课堂效果，帮助学生实现整体感知故事的目标，教师课前为故事配音、剪辑、编辑、修订，制作出了一个精美流畅的视频动画，在绘本课堂的伊始播放，帮助学生建立对绘本故事的整体感知。*

（四）问题导向，层层递进，推动情节

以问题导向开展教学活动，有利于自然地衔接各个教学环节，起到自然过渡、推进情节的作用，同时能够激发学生去思考、去探究、去尝试解决问题。因此要求教师学会将教学内容融入并转换成教学问题，设计有效的问题，一方面方便检验学生课堂听课效果，另一方面能够进一步引导学生继续参与课堂活动。

①在进入绘本故事前，抛出问题：In your mind, who is stronger? Why?

②在故事的展开过程中，通过提问推进情节，如Can the small mouse get the apples? Can the big elephant go through the fence? Why? 等。

③结尾设置多个提问：Can the mouse get the whistle by himself? 目的在于引导学生领悟文章的主旨："They are stronger when together."

设计意图：问题导向的教学方式能够有意识地培养学生的创新意识和解决问题的能力，将单向的灌输式课堂，转变为相互沟通的双向课堂。学生的思维被打开了，能够跟着教师的指引自主思考、自主探索。

（五）竞争线贯穿全文，板书厘清故事情节

Elephant和mouse两位主人公各有优缺点，而每一个特征都能够形成鲜明的对比，故事围绕Who is stronger？这一主线展开，而最后到底谁胜出需要借助板书的呈现。因此教师设计阶梯式的图案，不仅帮助学生快速地搜索绘本中的关键信息，学生也能根据板书的呈现一步步厘清故事的脉络。同时最后一轮的竞争也正好点题，升华"They are stronger when together."团结的力量是最强大的，无关个人胜负。How can they get the whistle？板书设计如图2所示。

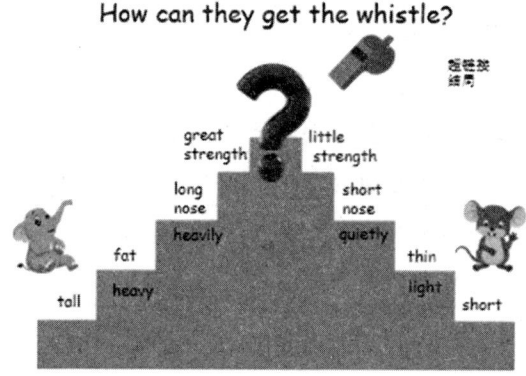

图2 板书设计

设计意图：巧妙、合理、清晰的板书能够帮助学生梳理故事的脉络，形成整体的框架认知，更好地把握故事内容。优秀的板书是教师课堂教学思路的高度浓缩，精心设计的板书与形式多变的多媒体相结合，相辅相成，使课堂效益最大化，实现课堂目标。

（六）以任务型教学为主线，分工合作贯穿其中

整个班提前分成四个大组，课堂设置了两大任务，每一个任务下面根据组别分设不同的子任务。

任务一/Group1、2：完成思维导图

此任务使学生能够自主学习绘本，厘清脉络，获悉两位主人公的特征。

上台展示环节Group 1（elephant）：

S1：tall—heavy—fat—long nose—walk heavily—great strength

S2：根据S1的答案依次板书tall—heavy—fat—long nose等词条。

上台展示环节Group 2（mouse）：

S1：short—light—thin—short nose—walk quietly—little strength

S2：根据S1的答案依次板书short—light—thin—short nose等词条。

任务一/Group3、4：完成elephant与mouse特征对比的表格

此任务使学生通过对比elephant和mouse的特征，自学绘本故事内容，并借助老师提供的句型，思考并谈谈Who is stronger。

设计意图：学生依托老师提供的思维导图框架，自主完成任务，培养学生的自主和探索的能力。

任务二/Group1、2：表演chant

结合学生自己对故事的理解，在小组长的带领下将图3这首小诗表演出来。

图3　自编chant

任务二/Group3、4：Role play

学生根据对故事的理解，声情并茂地将故事（前半段或后半段）表演出来。

设计意图：任务二安排Group1和Group2表演chant。这首小诗是教师根据绘本故事内容创编的。内容与绘本故事重合，节奏感强烈，读起来朗朗上口。将这首小诗放在课堂的后半段，是在学生已经通读故事，厘清思路，掌握故事内容的前提下对学生提出的任务。

任务二安排Group3和Group4进行role play。学生熟悉了故事内容，已经具备一定的知识储备，加之教师提供的任务单上不仅有故事主人翁的台词，也有一些提示词，帮助学生在理解故事内容的基础上，生动形象地表演故事。

【教学反思】

本堂绘本阅读与自然拼读相结合的课，教师充分整合了有限素材，挖掘绘本阅读的潜在资源并加以运用，创造性地设计出了各个紧密联系、环环相扣的教学环节，呈现出了一堂音、图、像丰富的绘本课。教师全程引导，课堂以学生为主体，运用多种形式，充分培养了学生学习的主动性和自主探究的能力。

课堂最大的特色是以任务型教学为主线，整堂课分为两大板块。第一大板块主要任务是阅读绘本，了解故事内容。教师安排了任务一，帮助学生快速梳理故事内容。任务一下又根据组别的不同分设不同的任务，并同时进行，如：任务一/Group1，任务一/Group2，任务一/Group3、4。第二大板块主要任务是形成认识，以自己喜欢的表现形式输出课堂所得，如：任务二/Group1、2，任务二Group3，任务二Group4.

当然，课堂教学永远是一门遗憾的艺术。这堂课还有待完善的是最后的输出环节，如何给学生营造一个更加真实轻松的环境，使学生在这个环境中，自发地用英语表达自我感想是值得继续研究的问题。另外，通过课堂反馈，两大板块的任务可以考虑给予学生更多的自主选择权，即将直接分配小组任务变成个人自由选择任务。但重新选择任务分配方式，就涉及如何有序地安排课堂、如何在有限的40分钟内，使每位学生都能够学有所获，值得去深入思考与探索。

9

第九章

加强小组合作，争当课堂小主人

　　小组合作，又称合作学习，它将社会心理学的合作原理纳入教学之中，强调人际交往对于认知发展的促进作用，它既克服传统教学存在的弊端，发挥学生的长处，同时提高了教学效率，是一种有高效的教学方式。在小组合作学习中，学生个体间的学习竞争关系变为"组内合作""组际竞争"的关系，传统教学中师生之的单向或双向交流变为师生、生生之间的多向交流。小组合作不仅提高了学生学习的主动性和对学习的自我控制，让学生成为课堂的小主人，也促进了学生间良好的人际关系，促进了学生心理品质的发展和社会的进步。

谈小学英语教学中的小组合作学习

李 薇

在英国爱丁堡参加TKT培训的时候，我们参观了St. George School。这是一所当地知名的私立学校，深受当地人的夸赞。当我走进课室时，我惊奇地发现，教室空间很大，学生分成若干小组，桌椅板凳按照小组安排。教师主导课堂，担任课堂的监督、调控、答疑等角色；学生是学习的主体，在小组活动中讨论问题、主动探究，合作完成形式多样的Project。我开始感到疑惑，小组合作学习到底是一种什么样的学习方式，为什么能在全世界的课堂生根发芽并茁壮成长呢？从那时起，我便开始思考小组合作学习在小学英语课堂中的运用与实践。近两年，我校在"微笑教育"理念的引导下，在课堂中大力倡导小组合作学习。我因势利导，在我的课堂上开展了小组合作学习的教学实践，积累了一些经验。在这里，我将围绕小组合作学习的含义、小组合作学习在小学英语课堂中的实践与应用以及如何提高小组合作学习的有效性等三个方面进行深入的探讨。

一、小组合作学习的含义

小组合作学习，顾名思义，就是以合作学习小组为基本形式，系统地利用教学中动态因素之间的互动，促进学生的学习，以团体的成绩为评价标准，共同达成教学目标的教学活动。那么，我们为什么要开展小组合作学习呢？

首先，小组合作学习是《新课标》的要求。小学英语《新课程标准》（2011版）鼓励学生在教师的指导下，通过体验、实践、参与、探究、合作等方式，发现语言规律，逐步掌握语言知识和技能，不断调整情感态度，形成有效的学习策略，发展自主学习能力，能够在个体和合作的实践活动中发展语言与思维能力，并能在展示活动中感受成功的喜悦。

其次，小组合作学习是实现课程目标的有力保障。小组合作学习与形成性评价有助于实现目标所提倡的学生合作能力和交际能力的培养。在小组合作学习中，教师以小组集体的学习效果作为评价的依据，使学生形成集体观念，提高小组的凝聚力，强化小组成员间的交流合作，促进了小组成员的共同进步。

最后，小组合作学习中，每个学生都能参与到课堂活动中来，扩大了课堂活动的参与面。学生之间的互相帮助，互相学习，取长补短，学生通过对自己和他人的评价以及评价后的反馈信息，可以了解到自己的进步与不足，提高了学生学习英语的主动性和自我控制能力。

二、小组合作学习在小学英语课堂中的实践

小组合作学习的重点在于合作学习，对小组的理解不能呆板。经过两年来的研究和实践，我总结出三种小学英语课堂中常用的小组合作学习形式，具体如下：

1. Pair Work（两人活动）

Pair Work，两人活动，也叫同位操练，是英语课堂中最常见的合作形式。学生同位操练，以同桌两人为合作学习对象，因为人员相对固定，学习效率比较高。Pair Work经常用于生词学习、句型操练、课文分角色朗读、回答问题等学习活动。单词操练时，同桌互助，共同进步；句型操练时，两人一问一答，不经意间句型已经了然于心。

2. Group Work（小组活动）

Group Work也是英语课堂中较为常见的合作学习活动，一般以四人或六人小组为活动对象，主要用于话题讨论、角色表演、合作探究等学习活动。例如，广州版六年级上册主题是festivals，分成两个Unit来学习，Unit 11主要学习中国春节，Unit 12聚焦西方圣诞节。在学习Unit 12 Christmas的拓展阶段，我让学生小组合作探究中国春节和西方圣诞节的异同之处，然后让小组全体成员带着他们的研究报告上台汇报。孩子们通过小组合作学习和操练，每个成员都能够熟练地report，脸上洋溢着自信的微笑，孩子们的精彩表现受到听课老师的高度评价。

3. Class Mingle（班级混合）

同位操练和小组活动，人员相对固定，每个人的角色相对比较单一。因

此，我偶尔也会给学生放一下假，多一点自由活动的空间。采取Class Mingle的形式，突破小组的界限，让学生离开座位，开展相对真实的语言活动，课堂效果可能会更好。Class Mingle适合开展课文表演、调查研究等学习活动，让课堂充满活力。在表演课文的准备阶段，如果我们突破小组的界限，让学生找他们的好朋友一起来表演，他们的兴趣可能更高，表演也会更精彩。在学习hobby主题时，我们让学生拿着调查表去采访心中最想采访的三个对象，孩子们欢欣鼓舞，课堂马上生动起来。

三、如何提高小组合作学习的有效性

小组合作学习是一种以教师为主导、以学生为主体的教学活动，倡导体验、实践、参与、合作的学习方式，体现了较为先进的教学理念。但是，在课堂实践中，小组合作学习的课堂有效性却往往被质疑。经过观察，我发现主要存在教师和学生两个方面的问题：

在教师方面，部分教师滥用小组合作学习，使其流于形式，不重实效。小组合作学习符合《新课标》的要求，代表一种先进的教学理念。但在实际运用中，部分教师没有理解小组合作学习的理念和方法，没有仔细研究课程目标、教材和学生，没有明确任务内容和小组成员分工，没有建立科学的评价机制，就草率地决定这堂课采用小组合作的学习形式，使得小组合作学习流于形式，没有实效，造成了课堂效率低的不良后果。

在学生方面，部分学生的主动合作意识不强，合作参与不足，学习效率不高。合作学习建立在个体需求的基础之上，只有学生经过独立思考，有了交流的需要，合作学习才有成效。另外，合作学习要求小组成员明确任务内容，合理分工合作，教师在学生合作完成任务的过程中运用科学的评价手段给予反馈和激励，这样的小组合作学习才会有成效。如果只有部分学生积极参与小组活动，任务全部包揽，而部分学生消极应对，乐得清闲，整体的学习效率也不可能提高。

针对上面提出的主要问题，我们教师应该在以下几个方面加强研究和实践，发掘小组合作学习的优越性，这也是我们今后的研究重点：

1. 合理分组

小组合作学习时，分组要合理。分组时应将学生的男女比例、兴趣倾向、认知水平、学习态度、学习能力等因素纳入考虑范围，尽量做到科学分组、均衡分组。

2. 明确小组成员的责任和任务

小组要根据每个人的特长进行不同的分工，任务要明确。善于组织活动的学生为组长，负责任务的分配，监督任务的完成情况，及时向老师汇报。善于记录的学生为记录员，善于表达的学生为发言人，争取让每一名学生都得到锻炼。组员应明确各自的任务，所有成员都要积极参与到小组活动中来，避免部分学生全权包揽，部分学生冷眼旁观的现象。

3. 教师的角色定位

在小组活动时，教师是全班小组合作学习的组织者和掌控者，是组内研讨的参与者，是小组研讨的引导者，在学生需要帮助时给予点拨和答疑。教师通过指导小组成员展开合作，发挥群体的积极功能，提高个体的学习动力和能力，达到完成特定教学任务的目的。教师还应在学生充分发言的基础上，对他们的答案进行概括、升华、总结、评价，使每个学生真正学有所得。

4. 建立科学的评价机制

评价机制是衡量小组活动的天平，评价应做到公平、公正、积极、有效，既能准确地衡量每个小组的学习成果，让每个学生都收获成功的喜悦；又能奖勤罚懒，制造小组之间竞争的紧迫感。科学的评价机制是最难制定的，需要老师们进行深入的思考和研究。

综上所述，小组合作学习打破了我国传统的教学模式，改变了教师垄断课堂、学生被动学习的局面，激发了学生的学习主动性和创造性。小组合作学习，代表着较为先进的教学理念，在全世界的课堂里生根发芽，值得我们进行更深层次的研究和探索。希望在我校"微笑教育"理念的引领下，小组合作学习能够在开发区二小的课堂上逐步完善，茁壮成长。

让"互动合作"推动英语智慧课堂教学

卢陆燕

近几年，萝岗区教育局提出要在小学课堂教学中实施六要素教学方式，即"知识——能力——情意，互动——主动——能动"，深化对学生素质教育的培养。作为小学英语的一线教师，我们在平时的教学实践中总是在不断地探究什么样的课堂才是智慧的课堂，什么样的教学策略才能提高学生学习英语的兴趣和效率。在日常的教学实践中，我们发现"教师教得轻松愉快，学生学得有趣，易掌握"，就是智慧的课堂。而善用"互动合作"教学模式，可以让老师教得轻松，让学生在愉快的英语氛围中学以致用，从而提高学生学习英语的主动性，发展学生的互动合作能力。尤其在攀登英语课堂教学上，"互动合作"的优势更是得到很好的发挥。本文阐述了"互动合作"的意义和原则，及如何利用"互动合作"教学模式去推动英语课堂教学的有效实施，形成自己独特风格的智慧课堂。

王定铜主任曾在《谈谈目标教学与六要素教学方式的关系》中提到过，互动，是指师生互动、生生互动、人机互动，等等，它符合新课程倡导的合作学习的理念。而合作学习则是以教学中人际合作和互动为基本特征，强调人际交往对于认知发展的促进功能，把个人之间的评价变成小组之间的竞争。王主任还说过，没有互动的课堂是没有生命活力的课堂，是不能发展个性、激发创造性的课堂，是没有实效性的课堂，互动合作也是学生的重要素质。传统意义上的课堂教学，更多地强调教师与学生群体之间的彼此影响，否认了学生同伴之间的互动合作性，把教与学的过程只看作教师与学生的双边互动的过程，忽视了课堂中生生互动合作的重要性。而"互动合作"旨在克服传统教学存在的弊端，提高课堂教学实效，对促进学生学习英语的积极性和持续性的发展有着非常重要的作用。因此，作为一线英语教师的我们，要有意识地创造情境和机会培养学生的"互动合作"能力，让他们持续学好英语、用好英语。

一、"互动合作"学习的重要意义

1. 有利于培养学生的社会适应性

我们的学生是未来的社会成员，必须具备社会人的互动社交能力。某位名人曾说过，想要获得成功，就必须要学会合作与竞争两大技能，可见合作在社会中的重要性。学校课堂就是一个小社会，在这个小社会里，如果教师多创造"互动合作"的机会给学生去体验、去学习，那么学生们以后走入社会就比较容易适应社会的发展。"互动合作"学习，首先让学生在小组这个小集体中相互适应，逐步过渡到适应班级大集体，到长大后适应社会这个大集体。教师应在课堂上增加学生之间合作、互动的频度和强度，从而培养了学生的社会适应性。

2. 有利于发展学生的学习能力

英语是一门语言，也是一种工具，主要的功能是互动交流，学生现在学习英语就是为了以后能用英语与他人进行交流，如果教师多创造"互动合作"的机会给学生去学英语、用英语，那么学生的英语能力就会得到发展。小学英语课堂是培养人才的基础单位，而"互动合作"学习是培养人才的有效途径，只要我们坚持在英语课堂中设置有效的"互动合作"学习任务，锻炼学生的合作能力，那么就可以为学生以后成为社会所需的人才打下坚实的基础。因为，"互动合作"学习为学生创设一个能够充分表现自我的氛围，为每个学生个体提供更多的机会，每个成员能够在小组内进行充分的语言、思维及胆量的训练。通过小组成员之间的交流，他们能够大胆地将自己的见解通过英语表达出来，并在交流中逐步形成自己的独立见解。学生的主体地位得到肯定和提高，那么学生各方面的能力就会得到相应发展。

3. 有利于提高学生学习的正确率

在问答式的课堂教学中，学生在老师提问时，经常会出现以下几种情况：一是不思考；二是结果完全错误或结果正确但方法单一。"互动合作"学习，可使思考结果不正确的学生及时得到纠正；不愿思考的学生在小组学习的氛围中不得不去思考、讨论，去找到问题的答案，激发了学生的学习兴趣，使组内的每一个学生都树立起集体意识，增强学生为捍卫集体荣誉而学习的强烈动机，这种学习积极性的提高，正是发挥个体主观能动性的具体体现。

二、如何在英语课堂中培养学生的"互动合作"意识

虽然英语学习已在中国广泛推广，而且已作为中国的第二语言进入到学校学习当中，但是学生还是缺乏实践机会，再加上小学生英语学习的盲目性，所以直接导致学生学习英语进步缓慢，收效甚微。加强学生"互动合作"意识的培养，不仅可以增加用英语的实践机会，还可以培养学生用英语进行人际交往的互动能力，从而提高学生学习英语的兴趣和效率。那么如何培养学生的"互动合作"意识呢？

1. 要创设"互动合作"学习的有利条件

在英语课堂教学中，教师要做好准备，了解哪些教学内容适合"互动合作"的学习模式，因为"互动合作"学习的内容要有一定的挑战性、可探索性、可合作性，这样才能激发学生的"互动合作"意识。如果内容太简单，学生没有兴趣互动，也就无合作的必要了。例如，我在教授四年级上册Unit 5谈论人时，为了掌握句型：He/She is young/beautiful.... He/She is honest/friendly....我就打印了六张妈妈的图片，分给六组的同学进行描述，提醒同学们可以针对图片中的人物的外貌、性格和衣着进行描述，如果只是用几句简单的英语句子描述，成绩好的同学们会觉得太简单，没必要"互动合作"。为了激发他们的意识，我增加了难度，要求每个小组都尽可能用更多句子去描述图中的人，哪一个小组能说出最多英语句子就能获胜。说一两句很容易，可是要尽可能多说去赢得其他组的同学，就必须要互动合作。俗话说"三个臭皮匠赛过诸葛亮"，这样的"互动合作"学生们觉得很有必要。在小组汇报时，我还要求小组的每个成员至少说一句描述人物的句子，然后由组长进行总结汇报。因为设置了具有挑战性和可合作性的任务，学生自然而然就愿意互动合作，合作也就有意义了，英语课堂变得生动有趣。

2. 营造促进"互动合作"的学习氛围

要在英语课堂上营造轻松有趣的合作氛围，把微笑、鼓励、团结等关键词带给学生，促使学生主动与他人交流，形成"互动合作"的能力，需要营造一个宽松的学习环境，让学生"互动合作"学习时可以畅所欲言、各抒己见，并在交流与互动中不断创新。如，在设置用英语句子描述人物特征这个话题时，

我把描述的对象设为六位不同的妈妈，妈妈是大家熟悉的人物，容易打开学生们的话匣子，达到锻炼英语口语、提高课堂实效性的目标。

3. 转变教师的观念，把发言权还给学生

学生通过独立思考、互动合作交流能解决的问题，教师决不包办，要相信学生都是具有自主探索能力和合作创新潜能的探求者。当然，在"互动合作"学习中教师不能放弃其指导和组织的作用，教学过程中要宽容接纳学生的失败和失误，并指导学生的思维发展。例如，我在教授四年级上册Unit 5谈论人时，如何描述图片中人的性格，我把说话权都交给学生，学生根据自己的理解，畅所欲言地对人物性格进行描述。如：He/She is honest/friendly/rude...而我只是肯定学生交流后的描述，对不会的英语单词给予指导。在有效的互动交流中，学生能力得到了不同程度的提高。

三、合理分组，提高"互动合作"的效率

多年的教学实践告诉我，把学生分成最佳互动学习小组是进行"互动合作"学习的先决条件，也是促进学生互动能力发展的前提条件。为此，我们英语老师必须对班上的每一位学生有充分的了解，充分考虑到学生的学习差异、性格差异等因素，在符合学生意愿的前提下合理地安排自然小组，在自然小组的基础上，按需要进行具体的小组合作学习。而小组合作是攀登英语教学的原则之一，在攀登英语课堂上的实施也取得了很大的效果，不仅提高了学生学习英语的兴趣，也提高了学生的口语水平和交际互动能力。但是在学生分组互动时，要注意以下原则：

1. 要坚持平均原则

在划分小组时我常常碰到这样的情况："老师，我不想跟他一组！他的英语太差，老是不举手！"等等，这是因为教师忽略了小组成员性别、学业成绩、能力、背景等方面的差异，采用既简单又省时、前后桌同学组合成一个学习小组，这样就造成有些小组热闹非凡，而有些小组则是鸦雀无声，达不到合作的效果。所以在分组时，最好是每个小组成员按学习成绩好、中、差来分配，实行平分，不实行优秀组和差生组，每组的好差比例适当，力争每一小组具有相当的学习能力，力争每组都能成为获胜组。另外，我通过增加差生展示的机会来鼓励优生主动选择差生作为合作搭档。具体做法是在每次进行"互动

合作"学习前，我总会暗示同学们，我会优先给差生展示的机会，优生跟优生搭档的话展示的机会比较少。很多差生为了争取更多机会展示，会主动选择优生进行合作，这样就无形中促进了课堂学习的有效性，达到"以生带生"的学习目的。

2. 互补原则

互补原则，即分组过程中充分考虑每个学生的性别、能力、性格特征、智力差异等因素，实行男女生交叉，能力强的带能力弱的，性格外向、能言善道者配内向、沉默寡言者，成绩突出者与基础较差者配合。

3. 自愿原则

在坚持以上两项原则的基础上，充分考虑学生的自愿原则，尽可能尊重他们的想法，在以后的学习过程中更好地配合和合作。

4. 坚持开展组间公平竞争，让每个学生都有成功体验的原则

对于"互动合作"学习来说，小组的公平竞争也是很重要的，有竞争才会有合作互动的需求，有需求才去寻找合作交流，从而在合作中促进学生互动合作能力的发展，提高其英语学习的效率和质量，故在课堂教学中英语教师要注意给每个小组公平的展示机会，让学生感受到小组合作的好处。当然老师在英语课堂上要给每一个小组一样展示的机会，争取让每个组都有表演的机会，然后从整组表演的效果进行评价，而不是对小组中的个人进行评价。比如攀登英语课堂上，对"互动合作"小组的评价就是从整组表演效果wonderful、very good、good三个不同层次进行评价，那么学生们"互动合作"学习显得更有必要了，整组的表演效果要好，必须每个同学都配合好才能做到。

四、善用"互动合作"形式，提高英语课堂实效

1. 二人小组活动适用于对话的角色扮演

广州版小学英语教学内容浅显，一般都是在两人之间进行对话，或是简单的问答练习，所以二人小组活动，即pair work的形式是"互动合作"学习最主要的形式，在课堂教学过程中经常性地开展，操作简单易行，花时少，易控制，且反馈及时，反馈面广。

比如，四年级上册Module 1 Clothes主要是售货员和顾客的对话，学生学完对话内容后，我要求学生两人小组分角色表演shop assistant and customer。这个

对话表演贴近学生实际生活，学生合作随手拈来，演得非常投入。两个人都在组内都发挥了作用，对角色的表演特别到位，对语言知识的输出起到较大的积极作用。

2. 四人小组活动适用于游戏活动

不改变学生位置，前后两排的学生组成四人小组开展活动也是常用的"互动"形式之一。它较之二人小组更富交流性和广泛性，主要是针对教材中多人活动而安排的。在攀登英语课堂教学中，我觉得Everyday English就是很适合设计四人小组互动合作学习模式。如在教学攀登英语二年级第一册的Unit 1 Everyday English的句型What can we do? Let's play a game. One，two，sky blue，all out but you. You're the first这几句游戏对话时，我就选择了四人为小组进行练习表演。让两个同学对话，另外两个同学用英语句子进行"点兵点将"挑人，然后互换角色进行交流，达到每个同学都有互动的机会，每个同学都有说英语的机会，而且避免了学生滥竽充数。四人小组开展活动，更贴近教材，能更大限度地增加语言实践的机会。

3. 自然小组活动适用于歌曲小诗展示和调查活动

现行的班级均以小组为单位，它是开展班级内管理、学习、评比的最小单位。每一自然小组人数为八人左右，这种小组虽然人数较多难控制，但在适当的时候，发挥自然小组活动的作用也能收到颇好的学习效果。就比如说在攀登英语口语教学中的Songs and chants环节就很适合用自然小组进行互动合作。先在小组内练习歌曲或小诗，然后再到台上进行整个小组介绍、个人介绍，最后到整个小组歌曲童谣的展示，环环相扣，每个同学都表演，是英语口语课堂的理想状态，而"互动合作"中的自然小组活动就可以帮助英语课堂达到这个目标。

五、完善"互动合作"细节，激发英语智慧课堂

1. 克服课堂喧哗，建立有序的合作常规

"互动合作"学习会带来较比传统教学更大的噪音，这是在很多小学英语课堂上非常突出的问题。在英语课上有时可以看到，教师还没有交代完合作的事项和内容，学生就迫不及待地开始自由讨论。例如，在festival公开课上，教师的任务是How to make a pumpkin lantern? 教师将学生分成小组制作南瓜灯，并

观看诵读南瓜灯的制作片段和英文解释，但学生的注意力早就被南瓜所吸引，根本没有心思听教师的提示，到最后一群学生说着中文，做着南瓜灯，成了一堂英语课里的手工劳动课。这就造成表面上是看似热闹，而学生却没有掌握和巩固已学知识，没有达到本节课的教学目标。所以为了促进学生更好地用英语进行互动交流，教师就要建立一套"活而有序"的合作规范。比如，教师在"互动合作"开始之前提示学生要小声说话，会给纪律好的小组一定的奖励，教师还可以参与到小组中，一方面管纪律，一方面指导互动合作的开展。在小组内，教师可以优化小组内的分工，设立小组长、记录员、汇报员、纪律员各一名，通过设立不同的角色，要求小组成员既承担个人职责，又要相互配合支持，发扬团队精神，有效完成任务，这样在英语课堂即使开展"互动合作"学习也会井然有序。

2. 每个成员都要开口，重视个体独立思考

如果互动合作学习组织得不好，会出现小组中个别成员承担大部分甚至所有的作业，而某些小组成员却无所事事的现象，人们把这种现象称为"搭车"。在小组合作表演对话，部分成绩较差或不善于表达的学生在对话表演中，只说几句礼节性的口语，而活跃的学生则是滔滔不绝，小组合作完全变成了个人表演。一些需要学生共同表演的对话也往往是小组成员中学习较好的学生给事先编排好的，部分学困生则依赖于这些同学，缺乏独立思考的能力。故此，我们英语教师必须对小组的组长提出具体的要求，要求组长在组织小组成员讨论时必须每个成员都要用英语句型发表自己的意见，在小组汇报时也要求每个成员都要开口说。如，可以每个小组成员每人说一句，或两个人共同说一两句英语，增加小组成员的个人展示机会，促进其交流合作的成效性。

3. 小组合作评价要合理，量化评价体系

教师给予学生的小组评价往往是在小组代表发言完毕后，给小红花、小星星等奖励，但是小组代表的发言只能代表其个人意见，教师的评价就存在片面和不完整性。而且这种评价方式过于注重结果，忽略了合作学习的过程与方法。教师很少对学生的学习态度、学习习惯、参与程度以及创新意识、时间管理能力进行评价，缺少对寡言少语学生的关注，导致不爱说话的学生更加不喜欢发言，造成恶性循环。为了克服评价的不合理，我们英语教师可以制作一些量化的评价表格，评价的内容可以多样化，并且让学生一目了然地看到自己的合作学习情况，从而马上进行改善学习。除了教师评价，我们还可以组织鼓励小组对其成员进行积极、中肯的评价，这是促使小组合作学习有效进行的手段。

总之，"互动合作"学习的目的是要在英语课堂上培养学生用英语交流合作，让人人参与学习英语，人人感受成功的喜悦，要求活动中，每人要各司其职，学生是学习的参与者，又是活动的组织者，在课堂中平等合作互动，快乐学习。善用"互动合作"模式，不仅可以在有限的时间内促进学生互动能力的发展，达到最好的学习效率，还可以提高教学的情感效果、改善人际关系，促使学生成为快乐学习的主体，从而提高英语课堂的实效性。而有效的英语课堂就是智慧的英语课堂，因此我们英语教师要善用"互动合作"学习模式去优化课堂结构，激发学生的学习英语兴趣，培养学生的互动能力，提高我们英语课堂教学的实效性，让我们的英语课堂成为快乐的智慧殿堂。

参考文献

［1］王定铜."六要素"教学的理论与实践［M］.北京：北京师范大学出版社，2014.

［2］教育部基础教育司.全日制义务教育英语课程标准解读（实验稿）［M］.北京：北京师范大学出版社，2002.

［3］施蓉蓉.小组合作学习在小学英语口语教学中的运用［J］.小学教学参考，2007（30）.

［4］林立，王之江.合作学习在英语教学中的应用［M］.北京：首都师范大学出版社，2005.

浅谈小学英语教育课堂的师生互动

吴梅英

　　课堂是以学生为主体，传统的教学模式是教师讲、学生听，这样的课堂比较闷。在新课程标准下的小学英语教学中，注重"以人为本"，发挥学生的主体作用，建立融洽的师生关系，避免老师满堂灌，学生被动听。教师与学生的互动是指学生在教师的指导下，通过感知、体验、实践、参与和合作等方式，实现任务的目标，感受成功。师生互动能很好地发挥学生的个性，让学生自己动手、动脑加深对知识的理解。互动是课堂教学中最基本的因素，教师要把眼球专注于师生互动上，这样才能更好地把握好一整节课，有效地上好小学生的英语课。

一、运用"交流——互动"的教学模式，进行英语教学

　　"交流——互动"教学的基本模式结构为：教师启动——学生自学——小组讨论——练习评定。朱永新教授在《我的教育理想》《新教育之梦》等著作中提出，课堂是学校进行教育活动不可缺的重要场所，学校的教学任务主要是通过课堂教学来完成的，课堂生活的质量直接关系着学生生活的质量和学校教育的成败。理想的课堂应该创设一种平等、民主、安全、愉悦的课堂气氛，应该由以知识本位、学科本位转向以学生的发展为本，真正对知识、能力、态度进行有机整合，因材施教，充分体现课堂的生活性、生命性和发展性。其提出了理想课堂的"六个度"：一是参与度，二是亲和度，三是自由度，四是整合度，五是练习度，六是延展度。

　　互动是最基本、最普遍的日常生活现象，课堂教学的互动就是教师通过积极营造有利于学生学习的课堂氛围，使学生动起来，主动参与教学活动。

二、"交流——互动"教学模式的实施

（一）课前热身，师生情感互动

苏联著名教育家苏霍姆林斯基认为："情绪的力量往往构成教学过程中最微妙最有意义的因素。"在课堂的最初五分钟内，教师尽量设计一些能够激发学生兴趣，并能提高他们的积极参与度的歌曲、游戏等内容。例如Sing a song、play a game、guess、let's chant等等，让学生拍拍小手，动动肢体，张张嘴巴，熟悉的旋律，好玩的游戏不仅可以缓和上一节课遗留下来的紧张气氛，更能集中学生散乱的精力。free talk是师生间的语言合作方式之一。教师走进课堂问一问学生：How are you today? What day is it today? How is the weather? 这种零距离交谈可以让学生轻松听懂并能对答如流，其就会由衷地产生兴奋感和成就感，较快地进入角色。或者问一些跟新课有关的问题，在教授广州版小学英语六年级上册Unit 8 Janet is going to have a birthday party.时，我的free talk就设计了以下的问题：①When is your birthday? ②What would you like to do for your birthday? ③Do you want to have a birthday party? ④Where would you like to have the party? ⑤Who will you invite? 课前这样过渡，既吸引了学生的注意力，又可以为学习新课做铺垫。同时，教师在教学过程中，语言要浅显易懂，运用表达技巧来增强表达效果。

（二）情景交际，师生激情互动

1. 每堂课都有一定量的课堂交际活动

课堂上师生之间、学生之间大量的交际活动，主要以学生为中心，教师的一切活动都是帮助学生更好地自主地学习。在学习广州版小学英语六年级上册Unit 4 I Know This Cities中，我们要学习有关国家、首都、国旗、语言的单词，我就设计了"找朋友"的游戏，把所有的单词发下去，让学生自己找到相对应的国家、首都、国旗和语言。他们在找的过程中会把单词读起来，然后记忆相对应的国家、首都、国旗和语言。

2. 课堂竞赛，师生积极互动

少年儿童有争强好胜的心理，实行竞赛法教学，课堂气氛一下子热烈起来。可以分小组竞赛、男女生之间竞赛、自由组合竞赛、个人挑战竞赛等。如教单词可竞赛谁读得准、谁写得好；教会话时，可竞赛谁对话正确、流利，竞

赛哪个组、哪个同学先背出来。竞赛项目一出来，同学们的学习热情立刻高涨起来，学习自觉性增强，学习效率就大大提高了。

实践证明，将带有竞赛性质的练习贯穿于教学的始终，不但对学生产生一种教学魅力，大大满足了他们的好奇心，把他们牢牢吸引在教学磁场里，更重要的是满足了学生的自我表现欲望及喜欢竞赛的心理，还训练了他们听、说、读、写的综合能力。

3. 教师制作大转盘，上面写上供学生讨论的题目

把每组小题目发给学生，让学生自由讨论，充分体现了课堂上的巩固练习和实践运用。这种活动教学法受到了学生的欢迎，学生感到学习英语不再是负担，重点而又全面地开发学生的思维潜力，激发了学生的想象力和创造力，满足了学生的求知欲，有利于培养学生活泼开朗的性格。

4. 在"交流——互动"的教学中，学生的动是以教师的启动为基础的

教师在讲授新课前要对学生进行适当的引导，在讲授较难理解的课文前，向学生介绍一下有关背景知识并提出教学要求，为学生的理解打下良好的基础。教师主要做好引导工作，扫清学习新知识的障碍，为学习新课提供丰富的感性材料。如在进行Success With English 六年级下册的Unit 7 Dr. Sun Yatsen教学之前，先提出以下几个问题：①Do you know some famous people? ② Do you know Dr. Sun Yatsen? ③Who's he? ④Do you read books about him? ⑤What did he do for Chinese people? ⑥ Is there a statue of Sun Yatsen in Guangzhou? 这样，使全体学生进入良好的准备状态，激发了他们的学习兴趣，从而产生一种探求知识的欲望。

（1）学生自学："交流——互动"的基础。在授新课伊始，教师要根据学生的实际情况，制定切实可行的、学生容易达到的"阶梯式"的教学目标，然后向学生提出本课的学习目标，明确自学的方法和要求后，由学生个人自学，让其自己去发现问题、研究问题、探寻知识，为小组讨论做好准备。例如，我在讲授Success With English（Book 8）Unit 7 Dr. Sun Yatsan一课前，就给学生列出这一课的学习目标和自学要求：

a. Words and phrases：historical, free, finally, Doctor, be born, the father of modern China, go on, great leader, against the emperor, memorial hall.

b. Sentences：①When was Dr. Sun Yatsen born? ②Where was Dr. Sun Yatsen born？③Dr. Sun Yatsen was the father of modern China.④He tried to change China and free the Chinese people.

c. Be able to recite the dialogue.

d. Be able to tell something about Dr. Sun Yatsen，using the useful expressions in the text.

（2）小组讨论："交流——互动"的主体。合作是人类相互作用的基本形式之一，是人类社会赖以存在和发展的重要动力。在人的发展中没有一种发展是与别人无关的。从小培养学生与人共处、相互合作的能力是老师义不容辞的责任。小组合作讨论学习是开发人工智能的有效方式。在学生自学、初步感知的基础上，开始小组合作讨论。在学Success With English（Book 8）Unit 7 Dr. Sun Yatsen 这一课前，我已经给了学生预习的内容，学生可以查阅书籍或上网查有关孙中山的资料。因此在课堂上，老师就可以根据学习目标和自学要求，提出相应的问题，各小组成员可以用不同的形式进行解答，把遇到的问题或不能解决的问题归纳起来，在老师的指导下一起解决。在整个过程中，对一部分回答不够完整的题目，教师不能讲解、包办过多，要相信学生，让他们自己答疑。当学生有困难时，教师不要轻易地给他们"标准答案"，而应设法引导，让他们自己得出正确或接近正确的答案。最后，教师不失时机地引导，师生共同对所学内容进行归纳，形成一致意见。这样，不仅使每一位学生都可以在课堂大胆地、尽情地交换各自的看法和意见，使学生能积极主动地获取知识，提高他们的自学能力和分析、判断、推理等多种思维能力。如在Success With English（Book 8）Unit 7 Dr. Sun Yatsen一课，学生中有的组提出：Why did the Chinese people love Dr. Sun Yatsen so much? 通过引导、解答，并进行归纳总结，使学生更好地掌握本课的内容及一些课外的知识。

（三）练习评定："交流——互动"的检测

在小组讨论后，教师按一定的评价标准对各个学生进行全面、客观、准确的评价。而课内练习是学生巩固所学知识的必要环节，也是检测教学效果的有效手段，教师及时运用预先设计好的练习题，让学生互议、互评、互批、互改，对其中出现的一些有代表性的问题，教师也不要急于讲解，而是采取全班讲授的形式，通过学生自评、老师指导、师生互评等手段来解决。"交流——互动"教学采用检测教学效果的方法，反馈迅速，校正有效，有利于提高英语教学质量。如在Success With English（Book 8）Unit 7 Dr. Sun Yatsen 一课的练习中，我让学生根据对话填空：Dr. Sun Yatsen was a _____ person. He was born in _____ in _____. He was the father of _____ _____. He was _____ the emperor. He tried to _____ China and _____ the Chinese people. He _____ the people and the people love him. You can visit the Dr. Sun Yatsen _____ _____ in Guangzhou.学生有预习，这练习做起来不难，效果也很好。

三、"交流——互动"教学模式有利于学生阅读能力和素质的培养

1. 着眼对知识的理解，培养学生的思维能力

"交流——互动"的教学立足于教育的主阵地——课堂，突出学生的自学、小组讨论的教学形式，充分发挥学生的自主性和积极性，让学生主动去发现问题，研究问题，探寻知识，在程序性的学习过程中加深对知识的理解，培养学生的思维能力。例如，英语新教材，从数量和内容方面加强和丰富了各种类型的操练。在学会使用某个知识点后，可以练习一些拓展性的演变题。通过学习Dr. Sun Yatsen及学生课前的预习，可以让学生talk about the other famous people。

2. 突出以自学为基础，培养学生的阅读能力

"交流——互动"的教学是以学生个人自学为基础的一种教学模式，学生首先根据学习目的和要求阅读材料，然后去思考问题，探求知识。如在进行Success With English（Book 8）Unit 7 Dr. Sun Yatsen学习时，学生根据本节课的学习目标阅读对话，在小组长的指导下，找出问题的解决方法。仔细阅读，准确、完整地理解内容，使学生掌握一定的阅读方法，并形成良好的阅读习惯，培养学生的阅读能力，让学生学会学习。

小组讨论活动在学生中形成互动、互勉、互爱、互尊的良好人际氛围，培养了学生团结协助的精神，发展了学生积极向上、民主科学的良好心理品质。

在这个"学习共同体"中，"学生的教师"和"教师的学生"不复存在，代之的是新的术语："教师式学生"和"学生式教师"。教师不仅仅是在教，而且也通过互动在被教，学生在被教的同时，通过互动也在教教师。而师生之

间的互动应贯穿于课堂教学的全过程，所有的教学活动都应通过课堂成员之间的话语行为及其相互作用来完成。可以说，没有师生互动也就没有课堂教学活动和师生的对话与沟通。因为课堂互动既是教学的媒体又是教学的内容。小学英语课堂互动的性质更直接地影响着英语课堂教与学的质量。课堂教学中的师生互动是教师与学生相互对话、相互沟通和相互理解的过程，它意味着师生双方间的相互承认，意味着师生在互动机会上的均等，权利和道德上的平等。所以，教师在教学过程中应与学生积极互动，共同发展。教师只有切实理解师生互动的真正含义和重要性，才能完整地把握好40分钟的课堂，有效地达成教学目标。

参考文献

［1］朱永新.我的教育理想［M］.北京：中国人民大学出版社，2011.

［2］周红.合作学习理念下的小学英语教学设计［D］.济南：山东师范大学，2003.

［3］杨九俊.新课程教学组织策略和技术［M］.北京：教育科学出版社，2004.

［4］胡春洞.英语学习论北京［M］.南宁：广西教育出版社，2005.

［5］刘培焕.谈外语课堂教学的互动式［J］.教育实践与研究，2004（12）.

谈攀登英语教学小组活动的一些有效方法

欧阳美卿

我们学校是一所农村小学。农村小学的英语教学本身就有其自身的独特性，学生的学习兴趣和学习效果总是提不上来。近几年，我校有幸加入了黄埔区与北京师范大学合作的"基于脑科学、心理科学和信息技术整合的学生英语学习研究"项目，学生课堂学习效果有了明显的提升。在攀登英语教学中，我们大力推广了小组活动进行教与学，孩子们的学习兴趣越来越浓厚，现在和大家分享一下我们的做法：

一、进行合理的分组

既然是小组合作活动，那肯定要分组。分组也要讲求方法。我们一般这样分：第一种是自由组合，由老师定小组人数（一般6人/组），学生根据自己的意愿自由选择合作伙伴。第二种是老师编排，由老师根据学生的学习能力和特点来编排小组。然后根据教学内容的难度、学生的意愿和学习形式，选择分组办法。不管是哪种分法，每次活动，每个小组都必须安排一名小组长，负责组织学生活动，另外的组员也有相应的分工。

自由组合的小组合作学习，它的优点是，孩子能友好相处，而且合作比较愉快、顺利，都能听从组长的安排。缺点是有时不能很好地跟上学习进度，学习积极性不高，学习能力有限，而且纪律较差。每当这样，老师就取消其合作学习的关系，改为老师编排。

老师编排的小组合作学习，优点是，能做到抓两头，促中间，而且能起到帮扶的作用。因为在分组时老师会下意识地把优生和后进生穿插安排在一个学习小组里，而且还会进行一帮一的任务。缺点是，个别孩子不服从命令，我行我素。每当这样，老师会让突出的孩子当小组长，让他组织其他孩子进行活动。这样可以取得较好的学习效果。

二、进行多种形式的合作学习

1. 合作学习新知识

叶圣陶先生曾经说过"教是为了不教"。也就是说，在课堂上要充分体现学生的主体地位，让他们自主合作地参与学习。农村小学的孩子平时在家里得不到课外的辅导学习，只能在课堂上习得。但有时有些孩子跟不上，老师教过的知识没那么快领悟掌握。那么就通过小组内互相合作学习，让接受能力强的孩子帮助组里接受能力弱的孩子。例如在学习攀登英语阅读有趣的字母——j时，因为j的发音很多同学都发不准，而且故事里的句子也比较拗口（〈Jack and Jim〉This is Jack. This is Jim. Jack is wearing Jim's jeans. Jim is wearing Jack's jacket. Jack is playing with Jim's jigsaw. Jim is playing with Jack's jeep. Jack is having Jim's jam. Jim is having Jack's juice. Jack is listening to jazz. Jim is listening to jazz.），所以很多孩子学着有点泄气。这样，老师充分运用组内互助，并进行奖励的机制进行教学。孩子们都想为自己组争分夺奖，成绩好的孩子就会不亦乐乎地去教不怎么会读的孩子，而接受能力差的孩子也不会辜负他们的教导，也在努力地学习。等他们都会读时，组员互相读给组员听，还进行竞赛，比比谁读得最准、最好听。这样既可以减轻他们的心理负担，小组之间读得也很积极，也解决了孩子遇到不懂的难题无人辅导的问题。这样，孩子的学习积极性提高了，组内的学习效果也达到了。

2. 合作复习，巩固已知

Make a survey（做调查）是小组合作复习巩固知识的一个重要环节。小学英语课堂中有许多常见的调查活动。这些简单的调查，通过问答有助于提高学生综合运用语言的能力。比如在学习三年级下册Unit 8 What fruit do you like? 的用法时，我让小组内的一个学生当小记者，采访组内的其他成员What fruit do you like? 并将结果记录在表格中。由于活动有一定的趣味性和探究性，激发了学生的兴趣，使他们成为主动的学习者、研究者和参与者，使学生为交际而运用英语的能力得到了培养。

3. 合作完成课后任务

攀登英语的学习除了课堂40分钟的教授外，还需要课后一些合作性的作业才能延续学生的学习兴趣和保持学习效果，攀登口语尤为突出。例如，在学习了交际性的对话后，我会布置学生在小组内完成改编课文对话的并进行角色扮演的任务，有条件的同学可以用手机拍下来发到微信群里让其他组员参考。另外，我还喜欢布置小组合作制作英语手抄报的任务。手抄报的题材是我们本学期所学的内容，主题自定。小组合作完成相关的任务后，我还对他们进行评奖。教育学家乌申斯基指出："没有丝毫兴趣的强制性学习将会扼杀学生探索真理的欲望。"事实证明，在英语教学上运用一些小组竞争，能有效激发学生的求胜心理和集体荣誉感，能进一步激发学生参与的积极性，促使小组成员积极努力，争取达到优胜。

实践证明，小组合作学习能较好地体现学生的主体地位，使学生会学、乐学，而且通过小组成员间相互协作、共同参与学习活动，可以使学生在充满合作机会的个体和群体的交往中，学会沟通、学会互助、学会分享，学生的知识、技能、情感都得到和谐发展。作为一线的英语教师，在英语教学中我们必须指导学生进行有效的小组合作学习，让孩子们学习更积极、更主动，从而达到最佳的学习效果。

小学英语课堂培养学生话语能力的实践与思考

张丽琼

为激发小学生学习英语的兴趣，很多教师花了很多时间和精力来创设课堂情景，优化课堂教学，可是大部分学生在课堂上依然保持沉默，没有积极主动地锻炼自己的话语能力。而学生的话语能力是学生在学习活动中完成课堂任务和交际应具备的表达自己见解、情感和思想的能力，如果互动方式单一简单，很可能造成学生缺乏兴趣，缺乏深度思维，疏于言语建构。

一、课堂互动中学生话语能力缺失的现状

教师话语的使用得当与否会对学习者的语言输出和交际能力产生积极或消极的影响。当前，教师说、学生听，教师问、学生答仍是课堂互动的主要模式，此种模式在某种程度上弱化了学生的话语能力。教师话语过多将使学生在课堂上失去话语能力。

案例1：

广州版《英语》四年级上册"Unit 9 Look at this T-shirt"对话当中，某教师想通过价格学习expensive"贵的"这个单词，其依托教学情境与学生展开了如下对话：

T：Let's go shopping. Ok?

Ss：Ok.

T：Look at this T-shirt.（男T-shirt）Do you like it?

Ss：Yes.（个别女学生回答No）

T： Yes. I like it，too. Do you know how much is it? （一边翻出价格牌）

Ss：It's 150 yuan.

T：Wow，that's too expensive.

Ss：No，it's 便宜的.（由于不懂cheap这个单词）

T：Cheap？Yes or no？（教师提高嗓门暗示学生）

Ss：Yes.（个别学生回答No）

T：Yes，it's expensive. I won't take it.（教师忽略了个别学生的回答，紧接着开始教单词expensive）

分析：案例1中，学生在教师的示意下，机械地用僵化的语言应答。"Yes""No"和"OK"成为学生主要的课堂话语输出。师生语言互动机械，缺少真实感。在这样的课堂上，学生语言输出违背了自己的真实情感。教师甚至忽略了某些同学的回答，并没有理会不同意见的同学。那么，在课堂教学中如何给学生更多的话语机会，凸显学生的主体地位呢？我觉得比较有效的方式就是强化小组合作学习。

小组合作学习是提高学生话语能力的有效策略。

二、给足思考时间，是保障表达的前提

教师是全班小组合作学习的组织者和掌控者，是组内研讨的参考者，是小组研讨的引导者。教师要想通过小组合作学习使学生话语能力提高，在小组内交流前，应该给予学生足够的时间，每个学生先独立思考，甚至可以让学生写出思考的要点。

案例2：

广州版《英语》四年级上册"Unit 12 What's your father's job"通过对话学习职业和各个职业的职责，教师给出了以下引导：

T：What's your father's job？

Ss：He's a....

T：What about your mother？

What's her job？

Ss：She is a...

T：Do you want to be a...?

Please think about each job's responsibility. Please write down your idea.

分析：案例2中，学生在教师的引导下，在小组合作学习之前，有一段深刻的自我思考。这个过程正是学生思维建构的过程，把自我独立思考的东西表象

化，为小组合作学习发言做充分的准备，从而有效地保证小组交流时每个人都有话可说，主动积极地发言。养成倾听习惯，是提升能力的基础。教师和学生良好的倾听习惯是小组汇报发言的重要保证，这样才能促使学生敢于表达，乐于发言，知道如何把本组学习成果用规范、准确的语言汇报出来。对学生的发言，教师要以身作则，不管是好学生还是后进生，无论对错，教师都要耐心倾听，不要轻易插话或打断。只有老师全心地投入才能引起学生的共鸣，只有教师认真地倾听，才能促进学生倾听习惯的养成。

案例3：

T：If you were on the way to school, you saw a cleaner sit down on the road. She looks like uncomfortable. She feels not well. What will you do?

S1：I will go away quickly.（现场大笑，甚至有孩子指责道：He is so selfish. 发言的孩子委屈得眼泪夺眶而出，而这个时候教师发现这一变化，连忙接着往下问。）

T：Why will you do this?

S1：I want to walk ahead to the shop quickly and buy a bottle of water, go back to give to the cleaner. I will be back!（笑声停止了，现场一片寂静。）

分析：试想，如果教师不耐心倾听孩子的表述，可能就失去了一次了解事情真相的机会，更重要的是，可能伤害了孩子纯真的心，也许这个孩子以后再也不敢在课堂上发言了。这个案例不仅让我们感觉到孩子心灵的纯洁无邪，更让我们懂得了倾听是多么重要。教师和学生良好的倾听习惯是提升学生表达能力的重要基础。多种形式的交流，是提供说话的舞台。小组成员在合作学习中，在教师的点拨下，能在有限的时间内获取更多的信息，在小组内充分发表自己的见解。这就要求组内交流方式多样化，主要方式可以是中心发言式、指定发言式、组内议论式或两两配合式。总之，要让每个学生都能充分表达自己的见解。

案例4：

T：Here is a form for you. Please ask your classmates' parents' job. Discuss in groups and finish the form.

Who	Job	Responsibility
S1	farmer	grow food for people
S2		
S3		
S4		

分析：案例4中，教师通过任务驱动，采用学生与学生个体间互动的方式。这样的小组交流方式，有效地避免了教师问、学生答这一简单的互动模式。这样的课堂不仅给学生搭建了互动的平台，而且使他们获得了交流的机会，同时还提供了发言的舞台，从多个维度给学生更多的话语机会。学会客观评价，是激活课堂的渠道。在日常的小组合作学习中，上讲台汇报的小组汇报完毕，台下的同学会对发言的同学发表自己的看法，通常会使用这样的语言，如"I think so." "I appreciate you." "I have a question." "I understand your thought." "I agree what you said." "I would like to put up another method."等。这些语言是建立在学生认真倾听的基础上的，学生首先认真倾听了，然后用规范的语言发表自己的观点，这样既培养了学生的倾听习惯，也锻炼了学生的思维能力和语言表达能力。而同学们的评价和肯定，会让汇报员信心大增，乐于发言，其他倾听的孩子也能各抒己见。孩子们学会了客观评价，不同的话语渠道就使整个课堂变活了。

在小学英语课堂教学中，小组合作学习给师生之间、生生之间营造了一个和谐的英语学习环境，从而能够更好地提升学生在课堂学习中的话语能力。

小组合作背景下小学英语单词教学的策略

卢艳君

在英语教学中，高效课堂行动计划明确指出，创设各种合作学习的活动，促使学生互相学习，互相帮助，体验荣誉感和成就感，发展合作精神，使学生认识自己学习的优势与不足，乐于与他人合作，养成和谐与健康向上的品格。这是英语高效课堂的主要任务之一。今天，小学英语教师认真推进高效课堂教学行动计划，组织有效的小组合作任务型教学，变得十分重要。在小学英语词汇教学方面，我采取了以下策略，指导学生小组合作记忆单词：

1. 在四人小组内由组长带领三位组员，采用英汉对比记忆的方法，记忆单词

在学习英语的时候，我们如果稍加留心就会发现，英汉两种语言在习语、比喻、量的表示法和谚语等方面有着惊人的相通或相似的地方。在英语学习中，遇到上述几种情况时，似乎"一见如故"往往可以"望词生义"，且易记难忘。在学习英语词汇的时候，将英汉两种语言进行对照比较，寻根溯源，弄清其中相同、相似和不同的地方，会帮助学生们加深理解，巩固记忆。如教授mango芒果、beer啤酒、bus巴士、card卡片等词时，小组内由一人说汉语意思，其他三人拼读出英文单词；或者三人说出汉语意思，一人说出英文单词，都是有效的小组活动。

2. 在小组内，根据单词的含义画画，即以配画的方式趣味记忆单词

直观的图画式单词学习策略，让学生在学习单词时获得良好的视觉享受，在图画的情景中记忆单词。如学习sea这个单词的时候，学生可运用简笔画描绘出美丽的大海，记忆volleyball时，可以在白纸上画上一个排球和排球网。小组成员分组合作给单词配画，图画的风格不同，形式各异，还可以比比谁画得好、画得像，增加趣味性，更加有助于单词的记忆。小组之间也可展开评比，画得认真、画得好的同学得到表扬，从而产生成就感，有利于增强学生记忆单词的积极性。

3. 小组活动：一位学生用动作或表情表现单词，其他的小组成员猜猜看，这是哪个单词

在学习英语单词时，小组内让一位学生用动作或表情表现单词，让其他学生猜并记忆单词。如学习sleep时，可做睡觉的姿势；记忆eat时，可做吃饭的姿势；在记忆write这个单词时，可做写字的动作；学习run这个单词时，可以一边做跑步的动作，一边喊着"one，two，one"。通过形象生动的表演记忆单词，不仅可以满足学生强烈的表演欲望，还可以满足他们好动的天性，让他们在轻松的氛围中记住单词。

4. 小组活动：一位组员出示音标卡片，其他的小组成员根据音标猜猜看，这是哪个单词

学生自己制作单词卡片，随时随地记单词。卡片正面写上单词的词形，背面写上音标。一位学生出示背面的音标，让小组其他成员根据音标说出单词。看一面，尝试着记忆另一面。四人小组还可以进行打扑克式的玩卡游戏，看谁正确拼读出更多的单词，赢得更多的单词卡片。音标、单词卡片可以随身携带，随时随地进行词汇记忆。这种方法的特点是简单实用且便于携带，不受时间和空间的限制，可随时随地记忆，寓学于乐，大大提高对闲暇时间的有效利用。

5. 做"拼读比赛开火车"等小游戏，看看哪位同学记忆单词又多又准确

小组游戏式学习单词的方法多种多样，比如字母排序、单词接力、单词配对等。字母排序游戏主要适用于学生已了解单词读音但对拼写不熟练的阶段，通过字母的排序，可以帮助学生熟悉单词的拼写。单词接力游戏主要适用于阶段性的单词复习课教学，比如在期中、期末单词复习课时可以进行这一游戏，提高学生复习所学单词的积极性，强化记忆。单词配对游戏，主要适用于复合词教学或同义词、近义词教学，这种配对游戏最好能引入竞争机制，进行小组比赛，不仅可以活跃课堂气氛，而且有利于加强学生对单词的理解和记忆。

高效课堂教学行动计划的小组合作学习，以开发和利用课堂中人与人的关系为基点，以全员互动合作为基本动力，以小组合作学习为基本教学形式，以团体成绩为评价标准。以上是我在单词教学中积累的一些经验，今后会在小学英语课堂中认真实践，提高小学生的英语单词记忆水平，帮助他们形成良好的学习习惯和学习策略，提升教学质量。

10

第十章

爱与赏识，打开智慧大门的金钥匙

教育工作，漫长而艰辛，但是说到底，就是两个词，爱与赏识。拥有博大的爱、宽容的心，给每一棵幼苗阳光和雨露，让每个孩子都能开心愉快地学习，健康快乐地成长。尊重与赏识，让孩子们充满自信，从容面对生活，微笑每一天。正是这两个词，让孩子爱上了我们的老师，从而爱上了英语这门课！其实，每一位成功的老师，都有自己独特的教学智慧，让我们一起走近，倾听他们的心声！

感悟文化碰撞，体验英伦文化

李 薇

学一门语言，不仅要读懂它的文字，更应该了解它背后的文化背景、风土人情。作为一名英语教师，能够去英语的发源地亲自感受那里的语言文化，是我长久以来的梦想。2011年9月，广州市教育局选派了来自广州市各区县的20名小学英语骨干教师远赴英国爱丁堡史蒂文森学院参加为期六周的剑桥大学英语教师教学能力培训及考试（Teaching Knowledge Test，简称TKT），这个梦想终于得以实现。经过一个半月的英伦学习，我们圆满完成了培训任务，不仅在语言知识和英语交际方面大有收获，在教学方法和课堂调控方面也受益匪浅。此次英伦之行更是丰富了我们的人生阅历，令我们终身受益。除了感谢之外，我想就培训期间的所见、所闻，谈谈英伦文明对我们的触动和我的感悟。

一、优雅礼貌

此次赴英国培训，我们20人分别寄宿在英国家庭中，与普通的英国人朝夕相处，一天从"Good morning."开始，到"Good night."结束，早餐和晚餐都要在家里吃，从而与英国人有了更多交流、相互了解的机会。在与英国人聊天时，我们的话题很丰富，涉及了教育、医疗、住房、物价、交通、旅游、饮食等各个方面。从聊天中，我们了解了普通英国人的生活方式和他们对一些事物的看法，同时我们也把中国优秀的文化介绍给他们，向他们展示中国的美好。英国人很优雅、讲礼貌，其文明程度真是令人叹服。任何场所，我们都很难听到英国人大声喧哗，他们总是很优雅地小声交谈，尽量做到不妨碍他人。在课堂上，一旦讨论热烈，我们就自然而然地提高声音，而老师总是示意"Don't shout！"让我们小声点。车站、商场、超市，甚至是洗手间，人们都井然有序，频繁地使用excuse me、sorry、please、thank you等礼貌用语。在英国，我们也深受感染，将这些礼貌的话语随时挂在嘴边，成为一种生活习惯。

二、生态和谐

在爱丁堡，绿色的草坪随处可见。人们三三两两，在草地上喂鸽子、喂松鼠，动物不怕人，人和动物和谐相处，共同享受着生态和谐之美。牛羊在路边悠闲地吃草，鸭子从容地在人群中穿梭，松鼠和孩子们玩捉迷藏，天鹅在小河里游泳嬉戏，到处都是一幅幅人与自然和谐相处的画面。当我们来到苏格兰高地时，这一点感触尤深。苏格兰高地是冰河世纪的最后一个据点，风景绝美，让人叹为观止。雄伟的山脉、秀丽的山谷、恬静的湖泊、奔流的溪水、空旷的原野和孤寂的城堡，无一不散发着史诗般的美。这既是大自然的鬼斧神工，同时也是英国人爱护自然、保护环境的明证！

三、尊重历史

"珍视自由和爱人。"这是苏格兰人的祖先所传承下来的信仰，苏格兰人很尊重自己的祖先，在乎自己的历史。在去高地的途中，身着苏格兰传统服装的导游自豪地为我们讲述那些战斗的故事，并请我们欣赏传统音乐——苏格兰风笛。那些不为人知的小小景点，破败的古堡，曾经的古战场，都被苏格兰人视为国家重要的财富，不容许其受到破坏和玷污。

这一点还表现在爱丁堡的建筑特色方面。这里的房子大都外形统一，传统的建筑风格保存得极好。外墙看上去都是灰黑一片，显得有些破旧不堪，但是在苏格兰人眼里，这些建筑正代表着他们的历史与文化。如果推倒了这些印证着历史痕迹的房屋，取而代之为现代化的摩天大楼，这个民族就没有了根源。在英国各地，有不少十七八世纪的老房子，居住在那里的家庭世代都不愿意离开，宁愿支付高额的修缮费用。他们这种尊重历史、保护历史，从历史中反省、觉悟的态度，值得我们借鉴和学习。

四、人文关怀

爱丁堡街头的公交车大都是双层巴士，设计十分人性化。双层巴士的底层有专门为老、幼、病、残、孕妇等设的座位。上车的车门处有可以伸缩的接地踏板，坐着轮椅的残疾人要上车时，司机就会将踏板伸出去接地，形成一个无障碍通道，帮助轮椅上车。年轻人上车一般都习惯性地往后排或2层走，把前排的座位留给有需要的人。巴士上都有免费报纸，英国人已经形成了良好的读报习惯。下车时人们都会有礼貌地和司机说声Thank you或者Bye-bye！司机也大都很有耐心，你若是告诉他你是第一次来这里，不知道应该在哪儿下，请他到站时叫你一声，他一定会照做，甚至还会关切地告诉你下车之后该怎么走。

在爱丁堡，我们还参观了苏格兰博物馆、艺术馆、皇家植物园等，这些公共场所都是免费的。那里的导游大多是志愿者，为了让我们在有限的时间里多听听、多看看，60多岁的导游老太太跑步上下楼梯，气喘吁吁地为我们讲解，自豪地宣传着苏格兰的人文、历史，我们大家都被她的耐心和细致所感染。

通过参观学校、艺术馆和博物馆，我们更加深刻地体验了英国人润物细无声的教育渗透。公共场所随处可见的残疾人专用电梯和厕所，卫生间的双层门，公交车上的轮椅位和婴儿车位，交通灯的人行横道按钮，每一处都渗透着浓浓的人文关爱。这种全民族、全社会、全方位的教育渗透和人文关怀也是现阶段我们国家应该倡导和实践的，对于下一代的培养将会非常有帮助。

短短的英国之行，我们还深深地感受到中国在海外的形象和地位日益提升。大多数英国人听说我们来自中国，都很感兴趣，乐意和我们聊天。Evan老师甚至这样问我们："在未来的20年，甚至是50年里，你们的国家将会是世界上最强大的国家。你们有什么感想？"顿时，我们的民族自豪感油然而生，"出了国门更爱国"，我们终于理解了这句话的含义，相信我们的祖国未来会日新月异，更加繁荣富强。

时光飞逝，转眼间我们已经离开爱丁堡一个月了，但对于爱丁堡的美好回忆和对英伦文化的久久回味，永远都不会随时间而黯淡，将会永远印在我们的脑海里，成为记忆的瑰宝。在不远的将来，我们将会把所学与实际相结合，把此行的收获在日常的教育教学工作中体现出来，努力拼搏，为广州教育的美好未来，贡献出自己的力量！

从"开锁轶事"谈赏识教育

李 薇

作为一线教师，我们最不爱听的莫过于"没有教不好的学生，只有教不好的老师"这句话。每个孩子的智力水平参差不齐，学习能力也千差万别，总有学得好的和学得不好的吧？可是有一件小事触动了我心中最柔软的部分，让我改变了这种看法。

我的儿子10岁，动作协调能力较弱，三年级时才学会跳绳。一次，他见我用钥匙开门，也跃跃欲试。我想他都10岁了，可以学习自己开门了，就让他试试吧。只见他好不容易才把钥匙插进了锁孔里，却怎么也拧不动。看着他笨拙的样子，我又急又气，渐渐地失去了耐心，对他吼道："你可真够笨的，给你钥匙你都开不了门啊！"面对我突如其来的指责，儿子沮丧地低下了头。过了两周，又是在家门口，儿子突然抢过我的钥匙又要开门，"妈妈，让我来吧，我学会开门啦！"开始，我并不相信他，站在一旁冷眼旁观。看着他右手笨拙的把钥匙插进了锁孔里，同时左手推门，"哗"的一声外面的门就被打开了。紧接着，他又左右手合作，毫不费力地打开了里面的门，然后得意扬扬地摇晃着手里的钥匙，招呼我进家。这次我真的吃惊了，问道："儿子，你什么时候学会开门的？"他兴高采烈地答道："是公公教我的，开外面的门时，钥匙要往左拧，边往里推门；开里面的门时，钥匙要往右拧，边往外拉门。这可是绝招！公公还夸我学得快，很聪明呢！妈妈，原来我也不是那么笨吧？"

听了这席话，我瞠目结舌，在我眼里的笨儿子，在公公眼里可是个聪明豆呢！难怪他学得那么快。有人赏识，有人夸赞，自信心自然增强了，做起事来就很有劲，效率也会更高。回想我们教师的日常教学，在对待学习有困难的学生时，往往批评多于鼓励，甚至经常用一些讽刺性的言语，以引起学生的重视，例如："这么简单的题目都不会做，你将来怎么办？""讲了几遍的题都还错，简直是对牛弹琴！"我们的本意是好的，想通过揭学生的伤疤来唤醒学生，这种心情可以理解，殊不知这样做可能会严重伤害学生的自尊心和自信心，效果适得其反。与其这样挖苦学生，还不如换一种方式方法，让我们试着用赏识的眼光看待学习有困难的学生，结果也许会不同。

从那以后，在对待学习有困难的学生时，我往往先遏制一下自己的不良情绪，多夸夸他们的优点，赞赞他们的长处，然后再将注意力聚焦到学习方面，真的收到了效果。我班的赵同学，学习一团糟，游泳方面可拿过广州市的一等奖，所以我每次和他谈学习时，我都要先问问他的游泳情况，问问他最近训练得怎么样，又拿了哪些奖。这样循序渐进，他终于开始进步了，然后我就猛夸他进步神速，于是乎他越发勤奋和努力了。学期末，他的成绩从原来的不合格居然跃到了75分，赏识教育起效果啦！

多元智能理论提醒我们，当前的标准化考试过分强调了学生的语言智能和逻辑、数学智能的开发，而忽略了其他同样为社会需要的智能，使学生身上的许多重要潜能得不到确认和开发。赏识教育旨在发现学生的优势，发掘学生潜能，与多元智能理论不谋而合，代表了先进的育人理念。赏识教育，源于父母教孩子"学说话、学走路"成功率百分之百的教育现象，是这个教育过程中的"承认差异、允许失败、无限热爱"等奥秘的总结，是周弘老师全身心倡导、推广的一种全新的教育理念。赏识代表的是信任、尊重、鼓励和爱，是人性化的教育，符合人的发展需求。作为教师，我们应该赏识学生，但运用时也有一些需要注意的细节。在我多年的教学实践中，有以下的几点思考，供大家参考。

一、赏识教育要注重方式方法

学生的文化知识大多源于课堂，在校大部分时间也都在课堂上度过，所以赏识教育的主阵地是课堂。在课堂上，教师应设计多层次的问题，多给学习困难的学生获得成功的机会。适度进行赏识，可以让学生感受到成功的喜悦，同时获得自信心和荣誉感。在态度上，教师应对他们多鼓励、少责备，多表扬、少批评，帮助他们重新树立学习的信心。在课后，教师应对他们进行耐心、细致的辅导，注重和他们的思想沟通，跟他们做朋友，关注他们的点滴进步，并适时进行表扬，帮助他们重拾学习的信心。

二、赏识教育要讲究艺术

教师在进行赏识教育时，在语言上要讲究艺术性，不要总是简单重复，表扬也要多样化，如"你真棒！""你能行！""再试一次，一定会比刚才更好！""在这方面注意一点，事情就做得很完美了。"除了言语赏识之外，通过行动来激励学生，效果更佳。一个赞许的眼光，一个会心的微笑，可能会起到意想不到的效果。当学生遇到不开心的事或内心很痛苦时，老师的一些安抚的动作更胜过语言上的安慰。耐心地倾听，爱的拥抱，能帮助学生尽快走出困境。赏识还要注意恰到好处，不能滥用，要客观公正，不能让学生感觉到虚伪，否则就会失去对教师的信任。最重要的一点，赏识也不可过度，否则会导致学生产生骄傲自满的情绪，不能正确地认识自己，不利于学生心理健康成长。

三、赏识教育要持之以恒

"路遥知马力"，任何事情半途而废，不能坚持到底，都不可能收到理想的效果。赏识教育也是如此，要有耐心，持之以恒，日久方能见成效。许多老师在刚开展学困生的辅导时，总是热情高涨，能做到多鼓励、少责备。但当付出一定劳动一时得不到回报时，就开始回归老路，旧态复发，这样是没效果的教育，反而让学生觉得反感。教师通过赏识，叩开学生的心门，然后对学生进行"润物细无声"的教育，继而开展行之有效的辅导，才能慢慢改变学困生的学习状态，最终实现从量变到质变的飞跃。在这个过程中，爱心、耐心和恒心，是必不可少的重要因素。教师要做好打持久战的心理准备，才能赢得最终的胜利。

儿子学会开锁这件事让我意识到，这世上有时还真有"教得好的学生"和"教不好的老师"。在开锁这件事上，公公就比我这位教龄十来年的老教师强多了，让儿子这个笨学生很快就掌握了开锁的要领。通过赏识孩子，然后运用正确的方法引导，本来协调能力很弱的孩子很快就掌握了要领。同样的道理，我们老师对待有困难的学生也可以这样，先用赏识的眼光发现孩子的优点和特长，强化他们的优势，让孩子慢慢觉悟，原来"我是好孩子"，然后慢慢发生质的转变，这就是赏识教育的理念。下一次，当我们在抱怨"已经和你们讲了十来遍啦，怎么还是搞不懂呢？"的时候，也许我们应该稍安勿躁、静静反思一下，是不是我们的方法没有对，还没能教给孩子们最简单、最实用的绝招呢？调整一下思路，摆正一下心态，多赏识一些，再耐心一点，我们的教育可能会事半功倍哟！

表扬的力量

穆玲玲

教育是一项充满希望的事业，教育实践是一门与孩子们相处的艺术。在这个过程中，理解孩子并由内激发出他们的潜力，是我们智慧实践的起点。

和孩子们有较多接触的人，特别是小学教师，经常会遇到这样的情景：孩子们总是想尽各种办法让大人注意到自己，如果能得到几句表扬的话语，一定会心花怒放。事实上，每个人的内心深处都渴望得到别人的肯定，不仅仅是孩子们，成人何尝不是如此呢？马克·吐温甚至说："一句好听的赞美能使我不吃不喝活上三个月。"虽然有点夸张，但是这正说明了表扬对于人的重要性。我们渴望得到肯定，尤其是"重要的他人"的表扬，会使我们更加欣喜。哲人詹姆士曾经说过："人类本质中最殷切的要求是渴望被肯定。"

肯定是对学生持确认的或赞成的态度。表扬是对好人好事进行公开赞美。学生对表扬的渴望更深层的意义则是对认同感、归属感的追求。表扬将教师与孩子们的关系紧密地联系在一起，从而赋予孩子们力量。肯定和表扬对任何孩子的成长都非常重要，它能够增加个体的安全感和认同感。

这个道理就如同"照镜子"：他人就如同一面镜子，"我"透过他人而显现出来，使得"我"能够看到或感受到"我"的存在。孩子们渴望表扬就是渴望自己被他人看到。他们是通过这种"被看到"体验自己的存在。

在教育意义上，孩子们的成长过程就是一个渴望被关注和肯定的过程。

从教这些年，每当孩子们有了进步，我总是毫不吝啬及时给予表扬或鼓励。认识到表扬的力量，缘于多年前的一次教学案例。

班上有名后进生，成绩和别人的差距很大，课堂上的参与感也不强。有一次，我们进行小组合作学习，由于怕他拖后腿，哪一组都不想要他，把他像踢皮球一样踢来踢去。他呢？一副无精打采的样子，一脸无所谓的神情，最后索性往桌子上一趴，意思"你们尽兴，我随意"。这怎么行呢？我得想办法让他也参与进来。于是，我临时增设一个岗位，班级巡视员。对各组成员的讨论参与度与热烈程度进行打分。他从一个被别人嫌弃的拖累摇身一变成为手握大权的老师帮手，一时间其他小伙伴还羡慕不已呢。

小组比赛时，还请他来当记分员，站在讲台前面，统计每组的得失分。这并不是一项复杂的工作，但他做得格外仔细谨慎。看得出来，他很珍惜这次机会，要向同学证明自己。这堂课结束时，我大力地表扬了他，也告诉大家，一个团结的集体需要每个人的参与和努力。

这堂课，对我来说，只是普通的一课。但第二天，我收到他母亲的短信，上面写道："孩子昨天回来很高兴，他告诉我您让他当了巡视员和记分员，他讲的时候很感动也很自豪，眼圈都红了。感谢您，穆老师！"这太意外了！我一句平常的表扬在他的内心竟掀起汹涌的波浪，从而产生巨大的能量。

惊喜的变化还在后面，从那以后，这位同学像变了个人，上课眼睛里有光了。那是渴望被肯定的光，求知的光。我安排更多的机会，让他展现自己并及时给予鼓励。渐渐地他变得更自信了，也敢参与小组讨论甚至到讲台上来发言。到学期末时，他和之前的自己比较，已经取得很大的进步。他并没有在别人的轻视中继续无所谓下去，他足够积极努力，与之前的课堂表现比较，简直判若两人。由于个人能力有高低，他没能成为最优秀的学生，但成为了最优秀的自己。我想，教育的真谛就在此吧，让每个人都能成为最好的自己。

由此可见，表扬所带给学生的动力有多大。法国教育家卢梭说："表扬学生微小的进步，要比嘲笑其显著的恶迹高明得多。"作为老师，我们在课堂上容易对那些聪明的、优秀的学生进行赞赏，可对那些在班上不起眼的学生、成绩不理想的学生往往视而不见。其实，他们不正是最需要老师的关注和帮助的吗？我们更要用关爱的眼光去捕捉他们的闪光之处，用鼓励性的语言加以评价，使其感受到老师的关爱，从而改变学习态度，天天向上。

表扬是孩子们成长过程中应有的体验。这些体验构成了他们的成长经历，是他们发现自我、形成自我的过程。作为教育者，在与孩子们接触的过程中，我们必须要关注他们的这些体验，从而以更积极的方式影响孩子们的成长。

我每每回忆起这堂课，回忆起这位学生的案例，就能感受到表扬的力量。

一句真心的表扬和鼓励，一个期许的眼神、一抹善意的微笑，对于每一个个体都意义非凡。在学生的内心，他们会把表扬放大从而改变心态，树立自尊，受到鼓舞和产生学习的动力。而我也从中得到了正反馈，从而激起无限的教育热情，更加热爱这份事业。

智慧与快乐，让课堂流光溢彩

胡 杰

课堂是实施教育的主阵地。如何通过课堂教学使学生的智能得到更大的发展，我认为创新课堂教学、设置情景、营造氛围、引导学生积极参与教学活动是一个重要途径，而一个充满智慧的教师更能让教学中的意外变成惊喜。

一、广博知识，善取素材

教育科研开放日那天，我准备的课是英语故事教学《A Little Fox》（一只小狐狸）。故事是动画片《天线宝宝》的片段，讲的是一只贪吃的小狐狸，有一天怎么也找不到食物，突然听到遥远的地方传来奇怪的声音，小狐狸经过思想斗争，最后闻声而去，获得了美味的食物。动画片里的印度老师，用灵巧的手，把小狐狸表演得活灵活现，连我都听得入迷了。我校英语科组的课题《在英语教学中培养学生艺术素养的研究》正是以培养学生健康的心理为目标，以落实艺术教育为手段的。我把这个故事加入了音乐、舞蹈等元素，改编为一个很好的教学素材。

随着网络、媒体的日新月异，我们常能找到一些有趣的素材。比如网络上有名的"小羊羔的狗妈妈""红极一时的明星猫咪"等新闻，都可以改编成贴近学生生活的教学素材。教师只有接触新鲜事物，才能给学生带来最新鲜的养料。

二、留悬激趣，事半功倍

课前，我只让孩子们预习了故事的前半部分，给他们留下了悬念。这样在讲课的时候孩子们不但能更好地融入教学中，好奇心还会驱使他们完成每一项学习任务。我特地邀请了我校金嗓子黄静雯老师做我的表演嘉宾，在故事里扮演《音乐之声》里的老师。课前，我还悄悄在每个孩子的课桌里放了一个自制的小狐狸手饰。

开始上课了，我在幻灯片上展示了小狐狸的可爱形象，并对孩子们说："Today，I'll tell you a story about a lovely fox. Look，this is the fox."我伸出手，孩子们发现了套在我手上的小狐狸，它是这么可爱，表情是这么有趣，孩子们都想要一个。我告诉他们，仔细听完故事并能回答老师的问题就能得到奖励。于是，孩子们聚精会神地开始听我讲故事了。"There was a little fox in the big forest. He ate much food everyday. He ate and ate，and his belly was round and bulging..."故事讲到最精彩的部分我停了下来。我告诉孩子们，如果能按我的要求把故事复述一遍，我才会把结局告诉他们。

兴趣是最好的老师，好奇心是孩子前进的驱动力。教师只有抓住孩子的心理特征，创设最佳的学习环境，引起学生对新知识的渴求，才能到达事半功倍的效果。

三、随机应变，经验改造

我打开幻灯片准备播放故事的图片顺序给孩子们做提示。突然，"啪"的一声，断电了。完了，我精心设计的部分……哎，怎么就停电了！我心里有些慌了。最重要的是，没有图片提示，孩子们可能无法顺利地完成故事的复述啊！就在这时，我的眼光集中到了我班小画家——林丁丹的身上。有了！我故作镇定地说："Now，please listen to the story again，and draw the pictures on your paper. Lin Dingdan，please draw on the blackboard."孩子们开始一边听故事一边在纸上画出相应的图，而被我叫到黑板上画画的林丁丹更是把小狐狸画活了，得到了台下老师们热烈的掌声。我放下了心里的大石头，暗喜：太好了，不但化险为夷，还达到了意想不到的效果。

这让我想起教育家陶行知先生提倡的"生活化教育"。"教育即生活，即生长，即经验改造。"这节课上的停电事故为孩子们提供了施展才华的机会。这种课堂的生成所得是我们备课计划之外的收获。

课堂教学是个动态的过程，经常会出现一些教师意想不到的意外，它突如其来令课堂组织者措手不及。在新课程理念下，课堂意外的出现是必然的，不管教师备课有多充分，也难以预料过程中出现的形形色色的情况和事件。合理的面对和处理课堂上出现的意外，不仅可以活跃课堂气氛，而且也有益于拉近师生之间的距离，取得良好的教学效果。面对意外，我们应该在亲和的对话中捕捉学生的灵光一现。所以，直面课堂意外，寻找意外的惊喜，是我们所追求的。

四、小小惊喜，效果纷呈

接下来复述故事的环节到了。孩子们看着我手里的小狐狸手饰都眼馋了，讲故事的时候如果有了这只小狐狸手饰可是能增色不少呢！这时，我对孩子们说："看看你们的桌子里都有什么？"孩子们纷纷把头探进课桌，然后一个个兴奋地举起他们找到的小狐狸手饰，嘴里喊着："Let me try，Let me try."我请了7位同学上台复述故事，他们表现得都很棒。特别是一年级的曹芷源，人虽小，口语可是一级棒呢！瞧她表演时的神情，像极了故事中的小狐狸。

孩子们经过努力完成了任务，他们都期盼着看到故事的结尾。这时，音乐响起，黄静雯老师带着一年级的小朋友们唱着优美的《Do Re Mi》入场了。勇敢机智的小狐狸，闻声找到了正在歌舞的老师和孩子们，他们送给小狐狸很多美味的食物。此时，整个课堂进入了高潮。孩子们高兴地唱着、舞着。这已不再是一堂普通的英语课，而是一堂充满欢乐的英语艺术综合课。

小小的惊喜，点亮了整个课堂，让课堂教学到达高潮。教师给学生设计的小惊喜，获得了课堂教学意想不到的大惊喜。

五、愉快求知，愉快学习

在最后的环节，我和孩子们一起讨论从故事里学到了什么。有的孩子说要像小狐狸一样机智勇敢，有的孩子说要保护好自己的耳朵这样才能听到远方的声音，有的说要像那群老师和孩子一样爱护小动物。而我的课，也在欢声笑语中结束了。

苏霍姆林斯基提出："教学应满足学生求知欲的愉快和创造的欢乐等各种情感体验，从而使学生带着高涨的情绪进行学习和思考，使教学成为一个充满活力和激情的活动。"

优质的课堂是学生主动参与的课堂，优质的课堂是学生互动与能动中智慧迸射的课堂，优质的课堂是资源有效整合的课堂，是达到学生与老师之间知识、能力、情意的共鸣与互动的课堂。

我的课堂教学智慧

李金红

《义务教育英语课程标准》提出，义务教育阶段英语课程的主要目的是为学生发展综合语言运用能力打基础，为他们继续学习英语和未来发展创造有利条件。语言既是交流的工具，也是思维的工具。近几年，广州市黄埔区实践和研究"智慧教育"理念，全面推广应用新课程背景下的目标教学模式和"六要素"教学，给予一线教师许多引领，那么，究竟什么样的课堂才是"智慧课堂"呢？以下是我的一些浅见，与大家分享。

一、创设英语情境，激发学习兴趣

全国教书育人楷模、著名儿童教育家李吉林撰写的《情境教育三部曲》第一卷《田野上的花朵——对话：情境教学的萌发》中指出："儿童是学习活动的主体，知识必须由儿童自主建构。教师的教学设计要从儿童发展的角度去思考。通过情境教学，让儿童在探究的乐趣中使学习成为自我需要，在体验审美的乐趣中获得丰富感受，在创造的乐趣中灵活运用知识。"兴趣是点燃智慧的火花，是克服困难的一种内在的心理因素，是学习知识的动力。学生对他所学的东西一旦有了兴趣，就不知疲倦，越学越爱学。激发学习动机，培养学习兴趣，是英语教学的重要原则之一。运用直观的教具或生动的媒体创设情景，营造氛围，尽快把学生带入"情境"后进行教学，可以激发学生的学习兴趣，有利于教学活动的展开与深入，拓展学生的思维，提高学生的理解力和语言表达能力。

在学习flowers主题时，我带领学生进入了五彩缤纷的花海。学生被眼前的美景吸引了，求知欲被激发，都想知道这些花的名字。然后，我出场了，开始讲解各种各样的花，告诉孩子们这些美丽的名字：lily、tulip、sunflower、 violet、bluebell、kapok……还介绍了它们是哪些国家的国花。孩子们被这花海深深吸引了，开心地用英语讨论自己喜欢的花，大胆表达出自己的观点，教学活动变得生动而直观，加快了信息传递和反馈，既解决了难点又使学生的听说能力得到了锻炼。

二、巧妙运用body language体态语，提高课堂表现力

在日常生活中，人们常常借助表情、手势之类的动作达到交流思想的目的，有时甚至会"此时无声胜有声"，这就是人类的无声语言——体态语（Body Language）的妙用。体态语能有效地配合有声语言传递信息，能起到补充和强化有声语言的作用。心理学研究表明，这种非语言因素传达的信息占信息交流总量的60%以上。美国心理学家艾伯特·梅拉比曾提出一个公式：人类全部的信息表达=7%语言+38%声音+55%表情。体态语，在小学英语教学中作为一种辅助教学手段，形象、生动、易理解，还能活跃课堂气氛，提高学生对英语的学习兴趣和课堂教学效果。

在课堂教学中，教师若能准确、恰当、适时、自然地充分运用体态语，就可以提高有声语言的表达效果，使课堂教学更丰富、深刻，从而极大地提高课堂教学效率。例如，在教单词rabbit时，教师可以两手做成英文字母"v"的形状，放在头的两侧，扮成rabbit的耳朵，身体学着兔子半蹲蹦一蹦，问：What can you see？趁机引领天真无邪的孩子走进快乐的英语世界，让学生在little rabbit can jump的游戏中陶醉，在jump，jump，little rabbit can jump这样生动活泼的歌曲中翱翔。学生在眼到、手到、口到、心到的过程中把所学内容牢牢记住，在轻松愉快的氛围中快乐地学习。

三、注重学习方法的传授，授之以鱼，不如授之以渔

英语课就是英语语言实践课，语言实践需要方法的引导才能持续有效地进行。授之以鱼，不如授之以渔。就是说，教给学生知识，不如教会他们如何去学习。教给学生方法，让学生自主参与教学，积极分析思考，自主探究，在活动中找出问题的答案。例如，在教比较级时，我先让学生找出课文里出现的比较级，然后让学生分小组研究比较级的构成规律，然后小组讨论，总结规律，最后小组汇报。之后，我又启发他们运用规律编歌谣：一般单词加er，以e结尾

就加r；遇到重读闭音节，双写之后加er；辅音加y也不难，把y变i加er；多音节单词，在前面加more。不规则，用心记！学生一下子掌握了方法和规律，做起练习来游刃有余。课后，我还安排了学生自己设计比较级的思维导图作为当天的家庭作业。

四、优化评价方式，传导正能量，激励孩子进步

评价不是考试，它是一种教学方法，建立能激励学生学习兴趣和自主学习能力发展的评价体系才能有利于教学、有利于学生的发展。评价渗透在教学的每个环节当中，一个表扬的手势，一个微笑，一次拥抱，都可以激发学生的学习动机，传达出"积极参与课堂活动"的正能量。

小学生天性爱玩、爱比赛，在平时的日常活动中，我会设计比赛墙。评比的内容可以是"听、说、读、演"，评比的方式多样，可以是摘星星、青蛙跳、爬山、插花，等等。课堂评价对于管理课堂特别有用，孩子们会互相监督，保持良好的课堂秩序，保持高度的学习热情。孩子们积极参与，学习英语就不是难题。

总之，教育离不开智慧，教育应该生成智慧。我们应努力争做智慧型的教师，点燃孩子智慧的火花。在英语课堂上，创设英语情境，巧用体态语，注意学习方法的传授，建立科学的评价体系，有利于营造愉悦的课堂氛围，激活学生的学习情绪，有效调节、管理课堂，增进师生的感情，从而提升小学英语课堂的教学效果。

参考文献

［1］中华人民共和国教育部.英语课程标准［M］.北京：北京师范大学出版社，2001.

［2］李吉林.情境教育三部曲［M］.北京：教育科学出版社，2012.

［3］周国光.体态语［M］.北京：中央民族大学出版社，1997.

用智慧激活英语课堂

刘艳飞

英语是一门充满思想、充满人文精神、充满智慧的学科。英语课堂是英语教学的核心，是教师和学生合作双赢的精神家园，更是充满智慧挑战的地方。提高课堂教学效率是实施素质教育的关键所在，也是提高教学质量的基本保证。教师熟练运用教育智慧激活课堂，显得尤为重要，需要老师们不断追求和探索。

一、智慧构建和谐的师生关系

美国教育家罗杰斯说："成功的教育依赖于一种真诚的理解和信任的师生关系，依赖于一种和谐安全的课堂气氛。"和谐的师生关系是师生共同满足教学需要、协同教学活动、实现教学目标的基础和保证。教师把微笑带入课堂，把尊重和信任传递给学生，跟学生进行心与心的交流，经常深入到学生中去，主动和学生做朋友，了解学生，在学生有困难时主动帮助学生。对待学生的缺点，要注重批评教育的方式方法，动之以情，晓之以理，让学生从内心感到教师的批评也是诚挚的爱，从而使他们"亲其师而信其道"。特别是"学困生"更需要老师的关怀和爱护。晓珊是因父母离异，从农村转来的小女孩。记得刚来我班时她很不自信，平时总是低着头不与大家交流，上课从不主动发言，总是一个人默默地躲在一边，因此同学们给她取了一个外号"影子小姐"。于是，我每天故意让她帮我做事，趁机与她聊天，倾听她的心声，和她做朋友，课后给她讲解不懂的知识，鼓励她主动与同学交流，课堂上常请她回答问题，慢慢地，晓珊开朗起来，成为我最得力的小助手。

二、游戏激活课堂

托尔斯泰说过："成功的教学所需要的不是强制，而是激发学生的兴趣。"兴趣是最好的老师，是基础的学习动力和源泉。使学生在愉悦的气氛中学习，唤起学生强烈的求知欲望是教学成功的关键。游戏是一种能引起学生兴趣，使学生在轻松愉快的气氛中学习语言知识和掌握语言技能的好方法。"All work and no play makes Jack a dull boy."（只工作，不玩耍，聪明的孩子会变傻。）游戏是激发学生兴趣的法宝，因此教师要根据不同的学习内容设计和选择不同的游戏，使学生在玩中学、学中玩。

1. 利用恰当的游戏激趣导入

导入作为课堂活动第一个重要的教学环节，运用灵活多样的教学方法导入新课，往往会给学生带来亲切的感觉，留下深刻的印象，同时也能激发学生学习的热情和求知欲望，把学生引入课堂情境中，让课堂教学踏出成功的第一步。

三（5）班是从分校合并过来的，课堂纪律差，学习积极性不高，上课时大部分孩子只顾玩自己的，教学效果很差。有一次上课，教师故作神秘地说："嘘，Miss Liu会变魔术哦，想不想看？"一听变魔术，孩子们立刻停下手中的活，眼光从四面八方转移到教师的身上。接着教师以迅雷不及掩耳之势掏出一个玩具娃娃："This is my friend Lily. She is from the UK. Who wants to be her friend？"孩子们纷纷高举小手。"要想和Lily做朋友，可要先学会用英语跟她交流。"孩子们在轻松愉快的氛围中走进了课堂，半节课后就有少数孩子开始按捺不住了。教师立马改变策略："Well done, children. Now it is play time. Let's play the train game."为了让孩子们更好地发挥主人公的精神，孩子们可以自己选择火车前进的方向，往左，往右，往前或往后。整节课孩子们在游戏的乐园中自由自在地说英语，不知不觉地学会了知识。又如在教授动物的单词时，教师利用猜一猜的游戏引入新课：Uncle Tim has a big farm. He has many animals. Can you guess what they are? 接着逐个拿出准备好的动物图片，快速闪现一次，让学生猜一猜是什么动物。这样孩子们时而猜对，时而猜错，极大地调动了孩子们的兴趣也就把这一节课要学习的动物单词导入了课堂，为学习新课做了铺垫。由于学生感兴趣，急于想知道Tim叔叔的农场里有什么动物，从而集中了他们的注意力，提高了学习效果，在玩中学会了新的知识。

2. 新授课与游戏相结合，使教学内容轻松易学

教授新课时，我们适当地穿插一些活泼的游戏。如学习动词短语play football、play basketball、play badminton，均可用动作表达出来，分小组活动先玩"我来说你来做"，接着再用PPT呈现一些学生们喜欢的明星图片，让同学们来猜一猜Which sport does she like? 边玩边学习新单词。紧跟着又用开火车的游戏学习新句型I like playing football. Which sport do you like? 这样，不仅可以缓和课堂上严肃紧张的气氛，也可以分散难点，降低难度，从而驱除学生的恐惧心理，使每一个学生都能在放松的游戏乐园中无拘无束地说英语，不知不觉地学知识。

3. 利用游戏来进行练习巩固

学生在经过新知学习后，对内容有一定的了解，但必须通过练习来消化吸收，此时便是开展游戏活动的好时机。用边玩边练的方法，可以使枯燥的练习变得趣味十足。一个单元结束可通过ask、answer、draw and write来复习巩固所学的单词，学生兴趣盎然。如在学习完家庭成员的单词后，让学生画他们的家庭成员和不同的房间，互问互答后，再把各自的家庭一一介绍给大家。这样既复习了father、mother、brother、sister、grandfather、grandmother...等，又复习了bedroom、living room、dining room、kitchen等，单词的再次滚动，使记忆又深刻一层。再如，学完水果后，教师问：Let's make a fruit salad. What fruit shall we need? 学生会抢着回答，把脑子里关于水果的单词（像apple、orange、pear、watermelon、pineapple、grapes等）都调出来，然后再让他们把自己设计的水果沙拉画出来，贴于墙报上展示。

三、情中启智

教育理论家布鲁姆认为："成功的外语课堂教学应当在课内创设更多的情境，让学生有机会运用已学到的语言材料。"德国有一位学者有一个精辟的比喻：将15克盐放在你的面前，无论如何你难以下咽。但将15克盐放入一碗美味可口的汤中，你就在享用佳肴时将15克盐全部吸收了。情景之于知识，犹如汤之于盐。盐需溶于汤中才能被吸收，知识要融于情景之中，才能显示出活力和美感，才能被学生理解和掌握。教育理论家布卢姆认为："成功的英语课堂教学应当在课内创设更多的情境，让学生有机会运用已学到的语言材料。"小学英语教学是学生学习英语的起始阶段，这个阶段的英语课堂教学不注重英语学习的情境创设而只给学生灌以生硬的语言知识，学生很快就会觉得兴味索然，久而久之就会失去学习英语的兴趣，因此在英语教学中，创设生动形象的情境，实施情境教学法，让学生在富有情趣的师生互动中主动地接受和领会教材中提供的信息，让学生受到情境的感染，激发学习兴趣和求知欲，使学生以一种积极的心态，投入到学习活动中去。在教授Christmas Day时，教师提前布置教室，让孩子们戴上圣诞帽，摆好圣诞树，播放圣诞歌曲，老师扮演圣诞老人给孩子分发礼物，让学生在创设的情景中学习和运用所学知识做事情。又比如在教授shopping这个主题时，教师提前让孩子们把自己的旧书和旧玩具等带来课堂，运用所学的句型自由地选择自己喜欢的物品进行买卖，并根据孩子们的表现评选"星级售货员"和"购物小能手"。通过模拟真实的情景，每个孩子都积极参与，真正学会用英语做事情，培养了学生的语言能力、思维能力和交际能力。正如美国阶梯英语老总所说："让孩子们浸泡在英语的氛围中，没有学不好英语的。"

四、用赏识推动学习

鼓励和赏识是教师手中能点石成金的魔法棒，是能帮助孩子飞向成功彼岸的翅膀。如果一个孩子生活在鼓励之中，他就学会了自信；如果一个孩子生活在表扬之中，他就学会了感激。尤其是小学生，教师的表扬会给他们以无穷的力量。学生刚刚开始接触英语，这对学生来说是一个全新的领域。学生对之充满了新鲜感和好奇，这有利于学生的学习；但随之而来也有陌生和恐惧，因为随着学习的深入，特别是到了高年级学习各种语法知识，需要记单词的时候，孩子们就会出现畏难情绪，害怕不会学，害怕学不会，而克服这种恐惧的良药就是教师的赏识和鼓励。

教师在课堂上常常发现有的学生举手，要举不举，举起来又放下的现象。有一次教师发现学习成绩落后，从不主动发言的小文同学手举起来了，但又有往下落的趋势。教师赶忙说："I knew you can do it. Just try！"并向他投以鼓励和期待的眼神。在教师的鼓励下，他正确地回答了问题，教师走到他的跟前，摸摸他的头，大声地表扬他："You did a good job. I am proud of you！"全班为他响起了热烈的掌声。从那以后，小文变了，举手次数也渐渐多了，那手也越举越坚定了，不再是空中颤抖的手了，课堂上也常能看到小文主动参与学习活动的身影，他的成绩也稳步上升了。这就是教师鼓励的魅力所在，它激发了学生学习的热情，使之从被动学习转变为主动学习，从消极学习转变为积极学习。这种学习观念的转变，也将对学生整个的学习生活产生深远的影响。

五、培养自学能力

学生的学习贵在得法。当他们掌握了一定的学习方法后，才会乐于自己去学习，敢于自己去摸索，勤于与他人合作。有句话说得很好：We cannot teach students everything, so we teach them to teach themselves. 教师应根据学生的实际，采取循序渐进的策略，逐步指点学生学会学习方法，慢慢树立起他们自主学习的信心，激发学生终身学习的愿望，培养学生英语自学的能力。在英语学习中，存在着大量的识记材料，因此教会学生记忆的方法和技巧尤其重要，如音标记忆、类比联想记忆、归类记忆等，可以指导学生绘制思维导图，学会归类总结记单词。根据"先快后慢"的遗忘规律，要指导学生在学习完新内容后及时复习，最好能当天复习一次，第二天再复习一次，以后可逐渐延长复习的间隔时间。要指导孩子将集中复习与分散复习相结合，此外，要采取循环复习法来巩固，同时要抓住每天记忆的黄金时间（晨起和晚睡前）进行学习。

成功的课堂，不是教师传授知识，而是师生共享知识，共享智慧，共享幸福。教师用爱心和智慧浇灌英语课堂，激发学生的智慧，让他们积极加入课堂学习中，一起激活英语课堂，让英语课堂活力四射，焕发出迷人的光彩。

参考文献

［1］（美）加里·D.鲍里奇.有效教学方法［M］.易东平，译.南京：江苏教育出版社，2002.

［2］刘丽娜.如何构建小学英语高效课堂教学［J］.校园英语，2011.

［3］张慧.如何激活小学英语课堂［J］.教育科研论坛，2010.